ORDONNANCE DU ROI,

Concernant les Gouverneurs & Lieutenans généraux des provinces, les Gouverneurs & E'tat-majors des Places, & le service dans lesdites places.

Du 25 Juin 1750.

A PARIS,

DE L'IMPRIMERIE ROYALE.

M. DCCLVII.

TABLE

Des Titres contenus en l'Ordonnance du Roi du 25 juin 1750, concernant les Gouverneurs & Lieutenans généraux des provinces, les Gouverneurs & E'tat-majors des Places, & le service desdites places.

ORDONNANCE
DU ROI,

Concernant les Gouverneurs & Lieutenans généraux des provinces, les Gouverneurs & États-majors des Places, & le service dans lesdites places.

Du 25 Juin 1750.

DE PAR LE ROI.

SA MAJESTE étant informée que nonobstant ce qui est prescrit par son ordonnance du premier août 1733, concernant le service des Places, les différens usages qu'Elle avoit en vûe de détruire, subsistent encore, & qu'il s'en est même introduit depuis de nouveaux ; Et voulant remédier aux inconvéniens qui résultent nécessairement de toute variété arbitraire dans une matière aussi importante, en établissant dans toutes les Places une règle constante & uniforme, & abolissant généralement tous usages contraires, sous

A

quelque nom & prétexte qu'ils aient été admis, Elle a ordonné & ordonne ce qui suit :

DU COMMANDEMENT DANS LES PLACES.

ARTICLE PREMIER.

Gouverneurs, Lieutenans généraux & Commandans dans les provinces.

LES Gouverneurs & Lieutenans généraux des provinces, lorsque Sa Majesté leur permettra d'exercer leur charge, y auront la même autorité, chacun dans leur département, que si Elle leur avoit fait expédier un ordre ou commission expresse pour y commander.

I I.

LESDITS Gouverneurs & Lieutenans généraux des provinces, ou autres Officiers établis pour y commander, veilleront à en contenir les habitans dans l'obéissance qu'ils doivent à Sa Majesté, & à les faire vivre entr'eux en bonne union.

Ils contiendront pareillement les gens de guerre en bon ordre & discipline; commanderont aux troupes qui passeront ou séjourneront dans l'étendue de leur commandement; & ordonneront ce qui conviendra pour le logement & autres fournitures qui devront leur être faites.

Ils en visiteront les places, pour tenir la main à leur garde & conservation.

Ils assembleront les troupes en cas de besoin, & non autrement; les garnisons établies par Sa Majesté ne devant point être changées sans nécessité, qu'en conséquence de ses ordres.

Ils jouiront au surplus de toute l'étendue des pouvoirs qui seront compris dans les provisions, commissions ou ordres que Sa Majesté leur aura fait expédier.

I I I.

Officiers généraux employés.

LES Officiers généraux employés par lettres de service, lorsque les Généraux des armées, ou Commandans en chef sur les frontières, les enverront dans les places, y donneront le Mot chaque jour, & y jouiront des honneurs attachés à leur grade.

3

Ils commanderont aux troupes qu'ils y auront menées avec eux, & qui ne seront pas destinées à y tenir garnison.

Ils pourront même faire sortir desdites places la moitié des garnisons pour aller en détachement, & commander ces détachemens, ou les faire commander par des Officiers à leur choix.

Mais ils ne changeront rien au service de la place, dont ceux qui y commandoient avant leur arrivée, demeureront chargés en leur présence.

I V.

LORSQUE les Généraux d'armée, ayant en même temps pouvoir de commander sur la frontière, enverront un des Officiers généraux employés sous leurs ordres, dans une place de cette frontière qui seroit menacée de siége, avec un ordre d'eux par écrit pour y commander, veut Sa Majesté que ledit Officier général commande dans ladite place, comme s'il avoit un ordre d'Elle à cet effet, & que le Gouverneur ou Lieutenant de Roi de ladite place, soit tenu de se conformer à ses ordres, à peine de desobéissance.

V.

LES Directeurs & Inspecteurs généraux d'Infanterie, *Inspecteurs.* de Cavalerie & de Dragons, étant dans les places avec un ordre pour y faire l'inspection des troupes de la garnison, y donneront le Mot, & jouiront des honneurs attachés à leur grade, comme s'ils avoient des lettres de service. Lorsqu'ils voudront faire prendre les armes aux troupes, & en faire la revûe, ils le demanderont au Commandant de la place, qui ne pourra le refuser sans des raisons dont il rendra compte sur le champ à Sa Majesté.

V I.

LES Gouverneurs des places y commanderont sous *Gouverneurs* l'autorité des Gouverneurs & Lieutenans généraux, ou du *particuliers, &* Commandant de la province; ils ordonneront aux habi- *Commandans* tans de leur gouvernement, & aux gens de guerre qui y *des places.* seront, ce qu'ils auront à faire pour le service; & ils y tiendront la main à la discipline & à la tranquillité publique.

VII.

LES Commandans particuliers que le Roi jugera à propos d'établir dans les places, n'y reconnoîtront que l'autorité de celui à qui Sa Majesté aura confié le commandement de la province où cette place sera située.

VIII.

LES Gouverneurs & Commandans des places ne pourront entreprendre sur les droits de la justice ordinaire, ni même s'entremettre dans les matières contentieuses ; devant se contenter de prêter main-forte aux juges des lieux pour l'exécution de leurs jugemens, quand ils en seront par eux requis, & de présider aux Conseils de guerre qui seront tenus chez eux pour connoître de tous les crimes commis entre les gens de guerre, auxquels les habitans ne seront point intéressés.

IX.

ILS règleront provisoirement les difficultés qui s'éleveront entre les Officiers de leur Etat-major & ceux des troupes de leur garnison, en attendant que sur le compte qu'ils en rendront Commandant de la province, ils se soient procuré une décision supérieure :

Ils en informeront aussi le Secrétaire d'Etat ayant le département de la guerre, lorsque le cas le requerra.

X.

LORSQU'UNE place sera assiégée, le Gouverneur ou Commandant ordonnera & disposera à son gré des troupes & Officiers qui y seront à ses ordres.

Il chargera ceux qu'il jugera à propos, des détails relatifs à la défense & au bon ordre de la place, de même que de la garde des ouvrages & des postes dont il les retirera pour les placer ailleurs, quand & selon que le bien du service lui paroîtra l'exiger, tant dans l'intérieur qu'à l'extérieur desdites places.

XI.

Lieutenans de Roi.

EN l'absence des Gouverneurs des places, les Lieutenans de Roi y auront la même autorité qu'eux, à moins que Sa Majesté n'y eût établi un Commandant ; auquel cas, ainsi qu'en qu'en préfence du Gouverneur, lefdits Lieutenans de Roi feront feulement chargés du détail du fervice de leur place, fous l'autorité defdits Gouverneur ou Commandant.

X I I.

LES Majors des places y commanderont au défaut & en l'abfence des Gouverneurs & Lieutenans de Roi ou autre Commandant. *Majors des places.*

X I I I.

LORSQU'IL ne fe trouvera point, dans une place de guerre, d'Officier pourvû d'un pouvoir de Sa Majefté pour y commander, le commandement appartiendra à l'Officier des troupes françoifes de la garnifon, foit de Gendarmerie, de Cavalerie, & de Dragons ou d'Infanterie, qui aura le grade fupérieur; & à grade égal, à l'Officier d'Infanterie du plus ancien régiment françois, quand même il fe trouveroit feul avec fa compagnie, & ce, par préférence à tous les Officiers des régimens de nation étrangère, même d'un grade fupérieur à celui de l'Officier françois, & en attendant qu'il ait été établi un Commandant par Sa Majefté ou par les Généraux de fes armées. *Commandement au défaut des Officiers-majors.*

X I V.

ENTEND néanmoins Sa Majefté, que s'il y avoit dans une place ainfi dénuée, des Officiers de fon Etat-major ayant pouvoir de commander, un ou plufieurs Officiers généraux ou Brigadiers employés, le plus ancien d'entre eux prendra le commandement, de manière cependant que le Brigadier d'Infanterie françoife ait la préférence fur celui de Cavalerie ou de Dragons.

X V.

LES Officiers généraux & Brigadiers qui n'auront point de lettres de fervice, n'auront aucun rang, ni commandement à prétendre en cette qualité. *Officiers généraux non employés.*

X V I.

IL en fera de même des Colonels, Meftres-de-camp & Lieutenans-colonels réformés à la fuite des corps, & des Officiers qui auront obtenu de femblables commiffions, lefquels ne pourront commander dans les places, que fuivant *Colonels & Lieutenans colonels réformés.*

le grade des autres emplois dont il feront revêtus, & n'y feront d'autres fonctions que celle defdits emplois.

XVII.

Aides-majors des places.

LES Aides-majors des places, auxquels Sa Majefté n'aura pas fait expédier d'ordre pour commander en l'abfence du Major ou autres Officiers fupérieurs, n'y commanderont qu'après les Capitaines françois, & avant tous Lieutenans & Enfeignes.

XVIII.

Ordre établi ne fe changera.

L'ORDRE établi pour le fervice des places, par les Gouverneurs, Lieutenans de Roi & Commandans, ne pourra être changé par les autres Officiers de l'Etat-major & de la garnifon, qui en auront le commandement en leur abfence.

XIX.

Capitaines des portes.

LES Capitaines des portes qui ne feront point pourvûs de brevets d'Aide-major, n'auront de rang dans les places qu'après tous les Officiers de la garnifon ; & ne feront reconnus en leur qualité de Capitaines des portes, que lorfqu'ils fe préfenteront pour ouvrir & fermer les portes aux heures ordinaires.

XX.

Subordination.

TOUS Chefs & Officiers des troupes de Sa Majefté, de quelque grade & caractère qu'ils puiffent être, & ceux étant fous leur charge, comme auffi les Officiers d'Artillerie, les Ingénieurs, & généralement tous autres Officiers militaires, reconnoîtront les Gouverneurs, Lieutenans de Roi ou Commandans, & autres Officiers de l'Etat-major des places où ils fe trouveront, foit en garnifon, foit en y paffant avec leur troupe ; & feront tenus de leur obéir fans difficulté, en tout ce qui concernera leurs fonctions, telles qu'elles font ci-deffus détaillées.

XXI.

TOUT Cavalier, Dragon ou Soldat, qui mettra l'épée à la main contre lefdits Officiers, qui les frappera ou les menacera, foit en portant la main à la garde de fon épée, ou en faifant quelque mouvement pour mettre fon fufil en joue, quand même il auroit été frappé ou maltraité par lefdits

Officiers, fera puni fuivant la rigueur des ordonnances.

X X I I.

Les Soldats, Cavaliers ou Dragons qui feront convain-cus d'avoir confpiré contre la fûreté de la place, & contre les Gouverneurs & Commandans defdites places, feront punis fuivant la rigueur des ordonnances.

X X I I I.

Les Commandans des troupes de Gendarmerie, de Ca-valerie, de Dragons ou d'Infanterie, étant en garnifon dans les places, ne pourront les affembler, leur faire prendre les armes, ni les faire monter à cheval, en tout ou en partie, fans la permiffion dudit Gouverneur ou Commandant de la place.

X X I V.

Lorsque le Gouverneur ou Commandant d'une place, ou un Officier-major de leur part, ordonnera aux Officiers de faire prendre les armes, ou de monter à cheval, à la totalité ou partie des corps qu'ils commanderont, ils feront tenus de s'y conformer, fans pouvoir exiger d'eux de leur rendre raifon du motif des ordres qu'ils leur donneront concernant le fervice.

DE L'ARRIVÉE DES TROUPES
dans les places.

X X V.

Lorsqu'un régiment d'Infanterie, de Cavalerie ou de Dragons, devra arriver dans une place pour y tenir gar-nifon, le Major ou l'Aide-major, avec un Capitaine & un Lieutenant, partiront à l'avance du dernier logement, pour venir prendre les ordres du Commandant de ladite place, & les porter à celui du régiment, lorfqu'il fera à portée de la place.

X X V I.

Les troupes arrivées près de la place, fe mettront en bataille au pied du glacis, pour y attendre les Soldats, Cavaliers & Dragons qui feront reftés derrière.

XXVII.

Si les troupes doivent être fouillées par les commis des fermes, on fera mettre, pendant cette halte, les bataillons sur quatre rangs, éloignés les uns des autres de quatre grands pas; on leur fera poser leurs armes à terre, & leur havre-sac entre leurs jambes, & ceux qui auront un peu de tabac pour leur usage journalier, le tiendront à la main: alors un commis des fermes entrera dans chaque rang, accompagné d'un Officier du régiment, & visitera successivement les havre-sacs du même rang, même les habits, s'il soupçonne qu'ils aient de la contrebande sur eux; & les Officiers feront arrêter ceux dans les habits & équipages desquels il s'en fera trouvé.

Il en sera usé de même à l'égard des troupes de Cavalerie & de Dragons, en observant de faire mettre les Cavaliers & Dragons pied à terre à la tête des chevaux, & de mettre au moins six pas d'intervalle libre entre chaque rang.

XXVIII.

Lorsque le logement aura été réglé, les troupes se mettront en marche pour entrer dans la place, sur l'avertissement qu'elles en recevront du Major, ou de l'Aide-major de la place, qui viendra les prendre hors de la barrière, & se mettant à leur tête, les conduira sur la place d'armes.

XXIX.

Les régimens d'Infanterie défileront par compagnie, les Officiers étant à pied, chacun à la tête de sa troupe, avec leur hausse-col, l'esponton à la main, les tambours battant, & les Soldats fusil sur l'épaule.

XXX.

La compagnie des Grenadiers marchera la première, & les autres ensuite, suivant le rang qu'elles tiendront dans le bataillon.

XXXI.

Les troupes de Gendarmerie, Cavalerie & Dragons, défileront aussi par compagnie, sur un front plus ou moins étendu, suivant la largeur des rues, & dans le même

ordre

ordre que les escadrons devront être formés, les Officiers étant à la tête l'épée à la main, les timbales battant, & les trompettes sonnant.

X X X I I.

LES troupes arrivées sur la place d'armes, s'y mettront en bataille, faisant face au corps-de-garde ou à la maison de ville, autant que cela se pourra; & le Major de la place ayant fait battre un ban, fera les défenses ordonnées.

X X X I I I.

ON tirera les gardes, s'il y en a à tirer pour le service de la place; & lorsque le Commandant de la place l'ordonnera, les compagnies défileront devant lui, pour qu'il puisse en connoître la force, & le Major lui en remettra un état contenant le nombre des hommes de chaque compagnie qui seront présens, & de ceux qui seront absens par congé, ou aux hôpitaux.

Contrôle des troupes, remis au Commandant.

X X X I V.

LES compagnies seront conduites delà à leurs quartiers par leurs Officiers, qui ne les quitteront que lorsqu'elles y seront arrivées.

Conduite au quartier.

X X X V.

AVANT que les troupes entrent dans leurs quartiers, les drapeaux & étendards seront conduits chez les Commandans des corps, escortés par des détachemens, dans le même ordre qui est établi pour les aller chercher quand la troupe doit s'assembler; & lorsque les drapeaux y auront été remis, le détachement qui les y aura escortés, sera reconduit par ses Officiers & Sergens à son quartier, où il retournera en bon ordre.

Drapeaux & Etendards.

X X X V I.

LES gardes aux portes arrêteront les traîneurs qui se présenteront pour entrer une heure après l'arrivée de la troupe.

Traîneurs.

D E S B A N S.

X X X V I I.

DÈS qu'une troupe étant arrivée dans le lieu de sa

Défenses à l'arrivée.

garniſon, ſe ſera formée en bataille ſur la place d'armes, le Commiſſaire des guerres, ou à ſon défaut celui que le Commandant de la place prépoſera à cet effet, publiera à la tête de ladite troupe, un ban portant défenſes ſous les peines portées par les ordonnances, à tous Soldats, Cavaliers & Dragons, de s'éloigner du lieu de la garniſon, au delà des limites qui leur ſeront indiquées ; d'y mettre l'épée à la main, ou de commettre aucun deſordre ; de s'établir en d'autres logemens que ceux portés par leurs billets :

D'entrer dans les jardins & autres lieux fermés, d'y fourrager, couper des arbres, ni prendre aucune choſe :

De rien exiger de leur hôte, qu'un lit garni pour deux, & place au feu & à ſa chandelle. Les mêmes défenſes ſeront faites aux Officiers, à peine de concuſſion, & d'être reſponſables des dommages cauſés par leurs Soldats, en cas de tolérance de leur part.

X X X V I I I.

Le Commandant de la place ajoûtera à ces défenſes celles qu'il jugera néceſſaires, par rapport aux conjonctures & au ſervice particulier de la place.

X X X I X.

Plaintes contre les contrevenans.

Il ſera fait auſſi un autre ban, à la diligence du Commiſſaire & du Commandant de la troupe, portant injonction aux habitans, qu'en cas de contravention aux défenſes ſuſdites, ils aient à le venir déclarer incontinent, & porter leur plainte au Commandant de la place, pour en être fait juſtice ſur le champ ; faute de quoi, il en ſera dreſſé procès verbal par les Officiers de ville, ou principaux habitans, que le premier d'entr'eux ſera tenu d'envoyer au Secrétaire d'Etat ayant le département de la guerre, & à l'Intendant, à peine aux Officiers, ou principaux habitans, de répondre des dommages que les particuliers auront ſoufferts impunément.

X L.

Crédit aux Soldats.

Il ſera fait auſſi défenſes aux bourgeois & autres habitans, de faire crédit aux Soldats, Cavaliers & Dragons, à peine de perdre leur dû.

X L I.

AVANT le départ de la troupe du lieu de sa garnison, il sera de même fait un ban à la diligence du Commissaire des guerres, ou à son défaut, de la part du Commandant, pour savoir s'il y aura plainte contre aucun Officier ou Soldat; & en cas qu'il y en ait, elle sera sur le champ réparée par le soin & autorité du Commandant ou du Commissaire.

X L I I.

LES Officiers de ville, ou principaux habitans, seront tenus de recevoir les plaintes qui leur seront faites dans les premières vingt-quatre heures après le départ de la troupe, d'en dresser des procès verbaux, & de les envoyer pareillement au Secrétaire d'Etat ayant le département de la guerre, & à l'Intendant, à peine d'en répondre: Voulant Sa Majesté que ledit terme de vingt-quatre heures étant écoulé sans qu'il y ait eu de plaintes, lesdits Magistrats ne puissent refuser de donner un certificat de bien vivre à l'Officier-major, qui restera pour cet effet au lieu de la garnison après le départ de la troupe.

X L I I I.

QUI que ce soit ne pourra faire battre de bans dans une place, sans la permission de celui qui y commandera.

X L I V.

ON ne pourra de même, sans sa permission, faire recevoir un Officier, Maréchal-des-logis ou Sergent, ni publier aucunes lettres de casse.

DU LOGEMENT.

X L V.

LE régiment, ou autre troupe qui arrivera dans une garnison, y prendra le quartier de celui qu'il remplacera.

X L V I.

S'IL y a plusieurs quartiers vuides, il choisira celui qui lui conviendra le mieux; & quand il y sera établi, il ne pourra être déplacé à l'occasion de l'arrivée d'un autre régiment, à moins qu'il ne fût nécessaire de resserrer le logement pour faire place à la nouvelle troupe.

X L V I I.

Si plusieurs régimens arrivent ensemble dans une même place, ils tireront au sort le quartier que chacun d'eux devra occuper, sans que le plus ancien puisse prétendre de choisir.

X L V I I I.

La préférence sera seulement réservée aux régimens des Colonels généraux de la Cavalerie & des Dragons, vis-à-vis des autres régimens des mêmes corps.

X L I X.

Dans les places où il y aura des casernes & pavillons destinés pour le logement des troupes, aucun Officier, Gendarme, Cavalier, Dragon ou Soldat, ne pourra être logé chez l'habitant, qu'après que toutes les chambres desdits bâtimens auront été remplies.

L.

Visites des casernes.

Quand la troupe devra être établie dans des casernes, un Officier-major, après en avoir fait la visite comme il sera marqué ci-après, ira avec des Cavaliers, Dragons ou Soldats de chaque compagnie, chez l'entrepreneur, pour se faire délivrer les fournitures de lit & ustensiles nécessaires dont il lui donnera son reçû; & il en retirera une décharge, lorsqu'elles lui seront rapportées pour être rendues ou échangées.

L I.

Si elles ne se trouvent pas alors dans le même état qu'elles auront été délivrées, le régiment les fera réparer ou en payera le dégât, ainsi que de celles qui pourroient avoir été perdues.

L I I.

Usage des fournitures.

On ne pourra se servir de ces fournitures, que dans les chambrées & quartiers assignés aux troupes, & pour le seul usage des hommes servant à leurs compagnies.

L I I I.

Clefs du quartier.

Les clefs du quartier, lorsqu'on pourra le fermer, seront remises à l'Officier, Sergent ou Maréchal-des-logis qui y

ser

ſera établi de garde, dans le même inſtant de l'arrivée de
la troupe.

L I V.

Lorsqu'une troupe devra être logée chez le bourgeois, *Aſſiette du*
les Maire & Echevins étant avertis à l'avance, ſe trouve- *logement.*
ront à l'Hôtel de ville pour procéder en toute diligence
à la répartition du logement, en conformité de la route
qui leur ſera repréſentée par un Officier-major de la
troupe, ou autre Officier chargé de ce détail.

L V.

Lesdits Officiers de ville feront le logement de la
troupe avec le Commiſſaire des guerres qui en aura la
police, en préſence d'un Officier du corps; & ſi le Commiſſaire eſt abſent, ils lui remettront à ſon retour un
contrôle du logement, ſigné d'eux.

L V I.

Les Officiers des troupes qui aſſiſteront au logement,
ne pourront s'ingérer en aucune manière de l'aſſiette
dudit logement.

L V I I.

Il ſera donné, autant qu'il ſera poſſible, à chaque Capitaine une chambre avec un lit, & une autre chambre avec
un lit pour ſon valet; & aux Officiers ſubalternes, une
chambre à deux lits pour deux, & un endroit avec un
lit pour leurs valets.

L V I I I.

Il leur ſera de plus fourni des écuries pour le nombre
effectifs de chevaux qu'ils auront, bien entendu que ce
nombre n'excédera pas celui des places de fourrage qui
leur ſont fournies par étape.

L I X.

A l'égard des Colonels, Lieutenans-colonels & Commandans de bataillon, il leur ſera fourni des logemens
convenables à leur qualité, & dans leſquels ils puiſſent
faire Ordinaire.

L X.

N'entend néanmoins Sa Majeſté qu'en aucun cas *Chambre*
des hôtes.

les hôtes puiſſent être délogés de la chambre où ils auront coûtume de coucher.

L X I.

LES billets de logement contiendront la qualité & le nombre de ceux qui devront être logés en chaque maiſon, & feront ſignés d'un Officier municipal.

L X I I.

LES Officiers municipaux obſerveront d'expédier leſdits billets, de manière que tous ceux d'une même compagnie ſoient logés de proche en proche dans un même quartier, afin que les Maréchaux-des-logis & Sergens ſoient à portée de veiller & remédier promptement aux deſordres qui pourroient arriver.

L X I I I.

LES billets étant expédiés, l'Officier-major, ou autre du régiment à qui ils ſeront remis, diſtribuera aux Officiers ſupérieurs ceux qui ſeront pour eux; à l'égard de ceux des Capitaines & des Lieutenans, il les remettra au Capitaine & au Lieutenant qui ſeront venus au logement avec lui, pour être tiré au ſort, ceux des Capitaines entre les Capitaines, & ceux des Lieutenans entre les Lieutenans; & il remplira à meſure le contrôle deſdits logemens, des noms de ceux auxquels ils ſeront échûs.

L X I V.

QUANT aux billets des Soldats, Cavaliers ou Dragons, qui auront été mis par paquets ſéparés pour chaque compagnie, les Capitaines auxquels ils ſeront remis, auront attention en les diſtribuant, de remplir ſur le contrôle de leur compagnie, le nom des hôtes chez leſquels leurs Soldats, Cavaliers ou Dragons devront loger; & ils remettront leſdits contrôles au Major du régiment, pour en former un contrôle général, dont il donnera un double au Maire ou principal Officier de ville.

L X V.

LES Officiers diſtribuant les billets à leurs Soldats, Cavaliers ou Dragons, leur rappelleront les peines portées par les ordonnances, contre ceux qui voleroient les meubles ou uftenfiles des maifons où ils feront logés, ou qui exigeroient quelque chofe que ce fût de leur hôte au delà d'un lit garni de linceuls, d'une place à leur feu & à leur chandelle.

LXVI.

LES Officiers qui fe logeront fans billet des Officiers municipaux ou des Commiffaires des guerres, feront mis en prifon, & il en fera rendu compte au Secrétaire d'Etat ayant le département de la guerre. *Logement fans billet.*

Les Soldats, Cavaliers ou Dragons, qu'on trouvera établis en d'autres logemens que ceux qui leur feront échûs, feront arrêtés & mis en prifon, pour être punis fuivant l'exigence du cas.

LXVII.

LES Officiers qui infulteront les officiers des villes où ils feront en garnifon, feront mis en prifon, & il en fera rendu compte au Secrétaire d'Etat ayant le département de la guerre. *Officiers municipaux infultés.*

A l'égard des Soldats, Cavaliers & Dragons qui tomberont dans le même cas, ils feront arrêtés & remis aux Juges defdits lieux, pour être par eux jugés fuivant que le cas le requerra.

LXVIII.

LORSQU'IL arrivera des Officiers à la garnifon, qui n'auront pas été préfens à la troupe lors de l'affiette du logement, les officiers de ville leur donneront de nouveaux billets, & ils en uferont de même pour les Soldats, fur les certificats que le Commiffaire donnera de leur arrivée. *Nouveaux arrivés.*

LXIX.

LES logemens feront répartis alternativement & avec égalité, fur tous les habitans qui y font fujets, en forte qu'aucun ne puiffe loger deux fois avant que tous les autres aient logé une fois. *Répartition des logemens.*

LXX.

LORSQUE les logemens feront une fois affis, ils ne pourront être changés que par l'ordre de l'Intendant de la province, ou par celui des Commiffaires des guerres, *Changemens des logemens affis.*

avec l'avis des officiers de ville; desquels changemens le Commissaire signera les billets conjointement avec eux, faute de quoi il n'y sera pas déféré.

L X X X I.

S'IL arrivoit que les officiers de ville surchargeassent de logement quelques habitans, pour en exempter d'autres qui devroient y être sujets, le Commissaire des guerres pourra obliger les officiers municipaux à lui représenter les rôles desdits habitans, & expédier seul ses billets pour faire déloger & loger ceux qu'il conviendra, sans que personne puisse se dispenser de se conformer auxdits billets, à peine de desobéissance.

L X X X I I.

SA MAJESTÉ autorise pareillement les Commissaires des guerres, à faire loger les gens de guerre chez les officiers de ville, de justice & autres exempts, qui, par connivence ou autrement, souffriroient qu'il fût commis quelqu'abus au fait des logemens, après en avoir reçû plaintes.

L X X X I I I.

Exempts de logement. SERONT exempts du logement des gens de guerre, & de toute contribution à icelui, les Ecclésiastiques étant actuellement dans les Ordres, ou pourvûs de bénéfices qui exigent résidence dans le lieu.

L X X I V.

LES Officiers étant actuellement dans le service militaire, ou qui s'en sont retirés après avoir obtenu la Croix de l'Ordre militaire de Saint-Louis, ou une pension de Sa Majesté.

L X X V.

Les Officiers commensaux des Maisons royales, chargés d'un service annuel dans lesdites maisons, sans que ceux qui n'auront qu'un titre de charge, & ne rempliront aucun service, puissent prétendre ladite exemption.

L X X V I.

LES Conseillers Secrétaires de Sa Majesté, Maison, Couronne de France, & de ses finances; ensemble les Audienciers,

Audienciers, Contrôleurs, & autres Officiers de la grande Chancellerie.

LXXVII.

LES Présidens, Conseillers, Gens de Sa Majesté, & autres Officiers des Parlemens, Chambres des Comptes, Cours des Aides, & autres Cours ou Conseils supérieurs.

LXXVIII.

LES Présidens & Trésoriers généraux de France aux bureaux des finances des généralités du royaume.

LXXIX.

LES Présidens, Lieutenans généraux, particuliers, civils & criminels, du principal siége de chaque lieu, ensemble les gens de Sa Majesté auxdits siéges; sans que les chefs & officiers des autres justices établies dans le même lieu, puissent participer à la même exemption.

LXXX.

LES Grands-Maîtres, & Maîtres particuliers des eaux & forêts.

LXXXI.

TOUS les Officiers, & Cavaliers des compagnies de Maréchaussée.

LXXXII.

LES Maires, Mayeurs, Bourg-mestres, Echevins, Consuls, Jurats, ou Syndics des villes & communautés, pour le temps de leur administration seulement; ces exemptions ne pouvant être prétendues au delà, sous tel prétexte que ce soit.

LXXXIII.

LES Trésoriers & Receveurs généraux ou particuliers, ayant le maniement actuel des deniers de Sa Majesté.

LXXXIV.

LES commis des Fermiers des domaines, gabelles, aide, traites foraines, douanes domaniales, & autres fermes de Sa Majesté.

LXXXV,

LES Changeurs.

LXXXVI.

Les étapiers, non seulement pour les maisons où ils demeureront, mais encore pour celles où seront leurs magasins servant à la fourniture desdites étapes.

LXXXVII.

Les commis chargés de la fourniture des lits dans les garnisons.

LXXXVIII.

Les directeurs des bureaux des lettres, les maîtres de poste établis par brevets de Sa Majesté, ainsi que les courriers ordinaires employés par les fermiers des postes.

LXXXIX.

Les veuves de Gentilshommes, Officiers des troupes, ou autres ayant des charges qui leur procuroient ladite exemption pendant leur vie, continueront d'en jouir durant leur viduité.

XC.

Les privilégiés ne jouiront de leurs exemptions que pour les maisons, ou parties d'icelles, qu'ils occuperont personnellement, sans que les particuliers non exempts, qui pourroient les louer en tout ou en partie, puissent participer, sous tel prétexte que ce soit, à ladite exemption.

XCI.

Entend Sa Majesté, que ceux qui étant exempts par leur état, leurs charges, ou emplois, feront commerce à boutique ouverte, ou tiendront cabaret, soient déchûs de leur exemption, & qu'ils soient assujétis au logement, comme marchands ou cabaretiers, pendant tout le temps qu'ils feront ledit commerce.

XCII.

Cas de foule. En cas de foule, le logement doit être fait indifféremment chez les exempts & non exempts, en suivant néanmoins l'ordre des priviléges, de manière que les Ecclésiastiques soient logés tous les derniers.

XCIII.

Discussions jugées par les Intendans. Si quelques autres personnes que celles ci-dessus nommées, prétendent jouir de l'exemption du logement des

gens de guerre, soit par conceſſion particulière ou au-
rement, elles ſe pourvoiront par-devant l'Intendant de
la province, qui décidera de la validité de leurs titres,
& connoîtra ſupérieurement & privativement à tous autres,
les détails des logemens; & ce qui ſera par lui ordonné,
ſera exécuté par proviſion, ſauf à ceux qui ſe croiront
léſés par leurs ordonnances, à adreſſer leurs repréſentations
au Secrétaire d'Etat ayant le département de la guerre,
pour en rendre compte à Sa Majeſté, & y être par Elle
pourvû.

DE L'ORDRE A OBSERVER
pour commander les gardes & détachemens.

XCIV.

ON obſervera trois tours de garde dans les places : le
premier pour la garde de la place, qui ſe relève journel-
lement; le ſecond pour la garde des poſtes extérieurs, qui
ne ſe relève qu'après un certain nombre de jours; & le
troiſième pour les détachemens & les eſcortes.

Tours de garde.

XCV.

CES différens ſervices ſe feront par tous les bataillons
& compagnies des régimens françois & étrangers qui
compoſeront la garniſon, de manière qu'ils y fourniſſent
tous également & alternativement ſelon leur rang.

Egalité de ſervice.

XCVI.

ILS commenceront toûjours, pour les Officiers, par la
tête du bataillon, & recommenceront de même à chaque
changement de garniſon, ſans que, ſous tel prétexte que
ce ſoit, on puiſſe les commencer par les Officiers de la
queue.

Rang pour commander les Officiers.

XCVII.

LES Capitaines du même corps feront commandés
par ancienneté, & les Officiers ſubalternes par le rang
des compagnies auxquelles ils ſeront attachés.

XCVIII.

AUCUN Capitaine ne pourra être commandé une

seconde fois pour le même tour de garde, qu'après que tous les Capitaines de la garnison l'auront été chacun une fois, & il en sera usé de même pour les Lieutenans.

X C I X.

LES Officiers du plus ancien régiment de la garnison, ne pourront prétendre devoir être commandés tout de suite, pour aucun tour de garde, avant ceux des corps moins anciens; & ils seront tenus de se conformer à l'ordre établi pour faire servir successivement un Officier de chaque corps de la garnison.

C.

Officiers réformés.

LES Officiers réformés à la suite des corps, seront commandés après les Officiers en pied; & les Officiers réformés entretenus dans les places, après les Officiers en pied & réformés de la garnison.

C I.

Officiers de semestre, présens.

LES Officiers qui se trouveront à la garnison pendant le temps qu'ils pourroient être absens par semestre ou par congé, ne seront pas moins tenus de faire les fonctions de leur charge, que tous les autres Officiers.

C I I.

Détachement fait.

LES Officiers qui seront commandés pour aller en détachement, seront censés l'avoir fait après avoir passé la dernière barrière.

C I I I.

Tours de garde point changés.

ILS ne pourront changer entre eux leurs tours de garde ou de détachement.

C I V.

Tour des absens, passé.

CEUX qui se seront trouvés absens lorsqu'ils auront dû marcher, ne reprendront point leur tour.

C V.

Officiers incommodés.

LES Officiers commandés qui se trouveront incommodés, en feront avertir le Major de la place, & celui du régiment, pour qu'il en soit commandé d'autres à leur place.

C V I.

Différens services arrivant ensemble.

S'IL arrivoit qu'un Officier fût commandé en même temps

temps à différens tours de garde, il marchera de préférence avec le détachement qui devra marcher le premier,
& l'autre tour sera censé passé pour lui.

C V I I.

LES Capitaines rouleront, s'il est nécessaire, avec les
Officiers subalternes, pour les gardes qu'ils auront à faire;
de manière que les Capitaines relèvent les Lieutenans &
les Enseignes, lesquels pourront relever pareillement les
Capitaines.

C V I I I.

SERONT exempts de tous tours de garde, les Lieutenans-
colonels, les Commandans de bataillon, & les Capitaines,
qui, au défaut des Officiers majors des places, s'y trouveront commander, ou qui, en l'absence des Officiers supérieurs des corps, commanderont par accident, un ou
plusieurs bataillons dont les compagnies seront réunies:

Cette exemption ne pouvant être prétendue par les
Capitaines qui commanderont des bataillons, dont les
compagnies seront dispersées.

C I X.

SERONT pareillement exempts de tous tours de garde,
les Capitaines du régiment des Gardes-françoises, & de
celui des Gardes-suisses, lorsqu'ils se trouveront en garnison dans les places.

C X.

LES Officiers & Soldats des compagnies de Grenadiers,
monteront la garde dans les places où ils seront en garnison; & leurs escouades seront mêlées avec celles des
compagnies ordinaires, à moins que les Commandans
des places ne trouvent plus à propos de les faire servir
séparément.

C X I.

INDÉPENDAMMENT du service de la garde des places,
les Grenadiers feront tous les détachemens pour lesquels
ils seront commandés, tant en dedans qu'au dehors
desdites places.

C X I I.

LES Commandans des places, règleront le service qu'ils y feront faire aux Grenadiers, pour la garde d'icelles, par proportion des autres services qu'ils exigeront d'eux.

C X I I I.

Royal-Artillerie.

LES bataillons du régiment Royal-Artillerie, se trouvant seuls dans les places, ou avec d'autres troupes, y feront le service comme toute l'Infanterie ; avec cette différence cependant, qu'un bataillon de ce régiment ne sera compté que pour un demi-bataillon, attendu que Sa Majesté a bien voulu dispenser les Capitaines en pied, & les Canonniers, Bombardiers & Sappeurs, de monter la garde, si ce n'est qu'il y eût nécessité ; auquel cas ils exécuteront sur cela les ordres du Commandant de la place.

C X I V.

*Mineurs &
Ouvriers.*

LES Officiers & Soldats des compagnies de Mineurs & d'Ouvriers, seront aussi dispensés de monter la garde hors les cas de nécessité.

C X V.

Suisses.

LES Capitaines qui commanderont un bataillon d'un régiment Suisse, ou autre régiment étranger, seront exempts de monter la garde, comme les Commandans de bataillon des régimens françois.

C X V I.

LES Capitaines des compagnies franches, Suisses monteront la garde à leur tour, comme les autres Capitaines en pied.

C X V I I.

LES Capitaines-Lieutenans des compagnies Suisses tiendront rang de Capitaine, & rouleront pour le service avec les Capitaines en pied desdites troupes, ainsi qu'avec ceux de l'Infanterie françoise ; mais ils ne seront jamais commandés qu'après tous les Capitaines ayant commission

D E   L A   G A R D E.

C X V I I I.

*Renouvelée
tous les jours.*

LA Garde sera faite jour & nuit dans les places de guerre, & relevée toutes les vingt-quatre heures.

C X I X.

Elle sera au plus, du tiers, & jamais de moins que *Sa force.*
le la cinquième partie de l'Infanterie de la garnison, en
omptant les bataillons sur le pied des hommes présens à
eur troupe.

C X X.

Permet néanmoins Sa Majesté, aux Commandans des *Sa diminution.*
places, d'en diminuer encore le nombre, lorsque le cas
e requerra, à condition d'en donner avis au Comman-
lant de la province, en l'informant des motifs de cette
liminution.

C X X I.

Le nombre des Soldats de chaque poste sera réglé, *Durée*
autant qu'il sera possible, de manière que chaque faction- *des factions.*
naire qu'il aura à fournir, n'ait pas moins de quatre heures,
ni plus de six heures de faction, pendant les vingt-quatre
heures qu'il sera de garde.

C X X I I.

On battra la garde, l'hiver comme l'été, à huit heures *Heure de monter*
du matin; & on s'arrangera de façon que les détachemens *la garde.*
qui la composeront, défilent à onze heures précises pour
aller occuper les postes où ils devront se rendre.

C X X I I I.

Tous les Tambours partiront ensemble de la place *Assemblée.*
d'armes, & iront en battant l'assemblée, chacun au quartier
de son régiment.

C X X I V,

Les Capitaines & autres Officiers qui devront monter *Nomination*
la garde, seront nommés la veille, à l'Ordre, par le Major *des Officiers*
de la place. *de garde.*

C X X V.

Ils se rendront en personne à neuf heures du matin, *Tirer les postes.*
au lieu destiné pour tirer les postes; & à l'égard des Sergens,
Caporaux, & Anspessades faisant le service de Caporaux,
qui devront commander des postes ou des escouades, ils
s'y trouveront dès sept heures, pour les tirer au sort en
présence d'un Officier-major de la place.

C X X V I.

AUCUNE escouade ne pourra prétendre d'autre poste que celui qui lui sera échû par le sort, de quelqu'ancienneté que soit le corps dont elle aura été détachée, ou quelque commandement que pût avoir sur les autres, l'Officier qui la commandera.

C X X V I I.

LE Major de la place tiendra un registre par colonnes, destiné à être rempli des noms des postes, & de ceux des Officiers, Sergens & Caporaux qui devront les commander.

C X X V I I I.

IL sera fait autant de billets qu'il y aura d'Officiers, de Sergens, & d'escouades commandés, sur lesquels les noms des postes seront écrits; ceux des Capitaines seront mis à part dans un chapeau, qui leur sera présenté par le moins ancien Capitaine du moins ancien régiment de la garnison, en commençant par le premier du plus ancien régiment.

Il en sera usé de même pour les Lieutenans, pour les Sergens, & pour les Caporaux; & à mesure que l'on tirera chaque billet, il sera inscrit sur le registre du Major.

C X X I X.

DANS les places où il y aura plusieurs régimens en garnison, le Major, en faisant tirer les escouades au sort, aura attention à ce qu'il n'y ait pas plusieurs escouades d'un même régiment, dans un même poste.

C X X X.

Première inspection, & formation des escouades.

LES Majors & Aides-majors des régimens, & les Lieutenans qui ne seront point commandés pour d'autre service, se rendront au quartier avant neuf heures, pour y visiter si les Soldats de leur compagnie seront de tout point comme ils doivent être, sur-tout examiner les armes des Soldats commandés; voir si elles sont en bon état, & tenir la main à ce que leurs fusils soient chargés, & leurs cartouches garnies de poudre & de balles suffisamment pour tirer au moins trois coups.

C X X X I.

LE Soldat dont les armes ne seront point en état, ou

qui

qui ayant reçû les quantités de poudre & de balles ordonnées, ne se trouvera pas les avoir sur lui, sera mis en
prison pendant un mois.

C X X X I I.

LE Major ou l'Aide-major de chaque régiment, sera
diviser par escouades, dans le quartier, le détachement que
chaque bataillon fournira pour la garde, il les conduira
ensuite au lieu ordonné pour le rendez-vous général des
détachemens, & ne les quittera que lorsque la garde sera
montée.

C X X X I I I.

S'IL n'y a pas, dans le quartier, de place propre à cet
arrangement, ou si les Soldats sont logés chez les bourgeois,
alors les Sergens, Caporaux, Anspessades & Soldats commandés, se rendront au lieu ordonné pour le rendez-vous
général des détachemens, où les Majors des régimens &
les Officiers subalternes en feront l'inspection, & les
formeront en escouades.

C X X X I V.

LES escouades seront composées, autant qu'il se pourra,
de dix hommes, y compris un Caporal ou un Anspessade;
& pour former les escouades, on commencera par prendre
les hommes fournis par la compagnie à laquelle lesdits
Caporaux ou Anspessades seront attachés; & s'ils ne suffisent
pas pour la mettre audit nombre, les Soldats détachés des
compagnies qui n'auront fourni ni Caporaux, ni Anspessades, seront répartis également dans lesdites escouades
pour les rendre complètes.

C X X X V.

LORSQUE les escouades seront formées, chaque
Caporal prendra connoissance des Soldats dont son escouade sera composée, de leur nom & de leur compagnie, pour être en état, lorsqu'il sera arrivé au corps-
de-garde, de voir s'il ne lui manque personne, & de
connoître ceux qui ne rempliront pas leur devoir,

C X X X V I.

TOUS les Tambours des régimens accompagneront, Assemblée
des gardes.

G

en battant, les détachemens de leur régiment commandés pour la garde, & ne se retireront que lorsqu'elle aura défilé de dessus la place d'armes.

CXXXVII.

Il sera mis des inscriptions sur le mur, dans le lieu désigné pour l'assemblée des escouades, afin d'indiquer l'endroit où chacune devra se tenir.

CXXXVIII.

Les Sergens & Caporaux, après avoir tiré leur poste, se rendront au quartier de leur régiment, pour y joindre les détachemens qui devront monter la garde.

CXXXIX.

Les Officiers commandés pour la garde, se rendront au lieu indiqué pour l'assemblée des gardes, après avoir tiré les postes.

CXL.

Les Officiers-majors de la place s'y trouveront pareillement, & indiqueront auxdits Officiers & Sergens, les escouades que chacun d'eux aura à conduire dans les postes où ils devront commander.

CXLI.

Les détachemens fournis par les régimens, étant arrivés au rendez-vous, y seront mis en bataille, le dos tourné au côté où seront mises les inscriptions; l'inspection leur y sera faite par les Officiers de l'Etat-major de la place, qui examineront s'il sont en état, & s'il y a pour chaque poste, les escouades commandées.

CXLII.

Un desdits Officiers-majors leur fera faire ensuite demi-tour à droite, & présenter le fusil; & chaque escouade ira poser son fusil au dessous du nom du poste dont elle devra être.

CXLIII.

Les escouades étant ainsi rangées par les Officiers de l'Etat-major de la place, suivant les postes qui leur seront échûs, & lorsque l'heure approchera pour se rendre sur la place d'armes, le Major de la place ordonnera aux

Tambours d'appeler, & la garde se formera en bataille; chaque Officier, l'esponton à la main, se mettra à son poste.

C X L I V.

LES Tambours battront ensuite aux champs, & le Major conduira la garde en bon ordre, sur la place d'armes. *Marche sur la place d'armes.*

C X L V.

LES Officiers, Sergens & Caporaux se mettront à la tête des divisions qu'ils devront commander; & les Sergens des divisions où il y aura des Officiers, se tiendront sur les aîles de ces divisions.

C X L V I.

LORSQU'IL y aura plusieurs petits postes, on les joindra les uns aux autres, afin que les divisions soient à peu près égales; & ils marcheront ensemble, jusqu'à ce qu'après avoir défilé devant le Commandant de la place, ils arrivent dans les endroits où ils auront différens chemins à prendre.

C X L V I I.

LORSQUE les gardes marcheront du lieu de leur assemblée à la place d'armes, le Major le fera savoir au Commandant de la place, par un Sergent; & si le Commandant étoit Officier général, ce seroit l'Aide-major qui iroit l'avertir.

C X L V I I I.

L'OFFICIER commandant le poste qui sera sur la place d'armes, lui fera prendre les armes quelque temps avant l'arrivée de la garde.

Il sera débarrasser la place, de tout ce qui pourroit empêcher que la garde ne s'y mît en bataille, & y fît les évolutions nécessaires.

Il sera aussi placer des sentinelles autour du terrein que ladite garde devra occuper, & assez en avant d'elle pour que son front soit libre, de manière à y pouvoir manœuvrer, & que la populace ne s'y mêle point avec les Officiers.

C X L I X.

LE Commandant de la place, autant qu'il le pourra, *Présence du Commandant*

& les Commandans, Majors & Capitaines des corps, se trouveront sur la place d'armes, pour voir arriver & défiler la garde.

C L.

NUL Officier de la garnison ne se dispensera de s'y trouver, s'il n'est employé ailleurs pour le service, ou s'il n'en a obtenu la permission du Commandant de son régiment, & de celui de la place.

C L I.

LES Lieutenans y rendront compte à leur Capitaine, de l'état de leur compagnie, qu'ils auront visitée en allant à l'inspection des gardes; ils informeront en même temps le Commandant du régiment, de ce qu'ils y auront trouvé de contraire à la règle & au bon ordre.

C L I I.

LE Commandant étant arrivé, le Major lui remettra une copie de l'état de la garde, auquel sera joint un état des rondes.

C L I I I.

LA garde étant en bataille sur la place d'armes, le Commandant de la place ira dans les rangs, pour voir si les Soldats sont de tout point en état de la monter; après quoi il leur fera faire l'exercice, nommant à sa volonté, l'Officier de la garnison par qui il jugera à propos de le faire commander.

C L I V.

LORSQUE le Commandant aura ordonné de faire défiler les postes; le Major de la place fera faire un roulement par les Tambours, qui servira d'avertissement; puis il fera donner un coup de baguette, pour faire serrer les rangs à la pointe de l'épée; & lorsqu'il faudra les faire défiler, ce sera lui qui leur dira *(Marche)*.

C L V.

A ce commandement, les Tambours battront aux champs, & les divisions feront à droite un quart de conversion pour se mettre en colonne & défiler; si le terrein ne permet pas ce mouvement, les divisions défileront

l'un

l'une après l'autre, lorsque le Major leur dira *(Marche.)*

C L V I.

LES Tambours ne cesseront de battre que lorsque la dernière division aura pris le chemin de son poste.

C L V I I.

LORSQU'IL y aura un Capitaine & un Lieutenant dans une même garde, le Lieutenant prendra la queue en défilant; s'il y a deux Sergens, le premier se placera à la droite du premier rang, & le second à la gauche du dernier; & le Tambour se mettra entre le second & le troisième rang.

C L V I I I.

LES Officiers, Sergens & Caporaux commandant *Salut des Officiers & Sergens.* une garde, mettront le chapeau à la main en partant au commandement, lorsqu'il leur sera fait à chacun en particulier; & ne se couvriront qu'après avoir passé l'endroit où le Commandant, & le Lieutenant de Roi quand même il ne commanderoit pas, les verra défiler.

C L I X.

LES nouvelles gardes seront conduites aux postes où *Ordonnances des postes.* elles devront se rendre, par des Soldats d'ordonnance détachés des anciennes gardes de ces postes; lesquels Soldats d'ordonnance se trouveront sur la place d'armes, à l'heure que la nouvelle garde y arrivera.

C L X.

UN Officier-major de la place, aura soin de placer ces ordonnances sur une même ligne, quinze ou vingt pas en avant de la garde, vis-à-vis du détachement qu'elles devront conduire; lorsque la garde se rompra, ces ordonnances marcheront chacune quatre pas en avant du détachement qu'elle conduira.

C L X I.

LES Commandans des petits postes détachés des postes plus considérables, enverront leurs ordonnances au poste principal dont ils seront.

C L X I I.

LORSQUE les escouades de la nouvelle garde arriveront *Arrivée des gardes à leur poste.*

H

aux poftes qui leur feront échûs, les Officiers & Sergens qui commanderont l'ancienne garde, feront prendre les armes à leurs Soldats.

C L X I I I.

LES gardes de huit hommes & au deffous, fe mettront en haie; celles depuis huit jufqu'à douze, fe mettront fur deux rangs; celles depuis douze jufqu'à vingt - quatre, fur trois rangs; & les plus fortes, fur quatre rangs.

C L X I V.

TOUTES les fois que les gardes auront à prendre les armes, ou à fe montrer hors du corps-de-garde, elles fe rangeront toûjours dans le même ordre, à moins que le terrein ne leur permît pas de doubler les rangs, auquel cas elles s'étendront autant qu'il fera néceffaire.

C L X V.

LORSQUE les gardes feront fur plufieurs rangs, la nouvelle garde prendra fa place le plus près du corps-de-garde; & pour cet effet, l'ancienne fe rangera à quelque diftance du même côté, afin de lui laiffer la place néceffaire.

C L X V I.

SI les gardes doivent être en haie, l'ancienne fe placera en avant du corps-de-garde, & y faifant face, à quelque diftance, pour laiffer la place à la nouvelle, de fe former entre l'ancienne garde & ledit corps-de-garde.

C L X V I I.

Confgne de l'ancienne garde à la nouvelle.

LORSQUE les deux gardes feront vis-à-vis, ou l'une à côté de l'autre, les Officiers & Sergens donneront la confgne à ceux qui les releveront.

C L X V I I I.

Vifte des corps-de-garde, & fentinelles relevées.

L'OFFICIER de la garde montante, ordonnera enfuite au Caporal de confgne, d'aller prendre poffeffion du corps-de-garde, & au Caporal qui devra faire la première pofe, d'aller pofer les nouvelles fentinelles.

C L X I X.

Caporal de confgne.

DANS les poftes où il montera plus d'une efcouade, le Caporal de confgne fera le Caporal de la plus ancienne compagnie du plus ancien régiment dont seront lesdites escouades:

Dans les postes où il ne montera qu'une escouade, le Caporal de cette escouade sera en même temps Caporal de consigne.

C L X X.

LE Caporal de consigne de la garde montante, visitera avec celui de la garde descendante, les corps-de-garde, bancs, tables, vitres, salots, guérites, & toutes les autres choses consignées, pour voir si elles sont en bon état, ou s'il y aura été commis des dégradations; auquel cas il en sera rendu compte au Major de la place, qui en avertira le Commandant, pour faire réparer lesdites dégradations aux dépens des Officiers, Sergens & Caporaux de la garde relevée.

C L X X I.

LES Caporaux de consigne répondront des dégradations faites aux remparts, guérites, palissades, & autres choses qui leur seront consignées.

C L X X I I.

ILS feront relever, & arrêteront les sentinelles qui auront souffert qu'on fît quelques dégradations ou ordures aux environs de leur poste, & en avertiront sur le champ leur Officier, qui sera tenu d'en informer le Major de la place.

C L X X I I I.

ILS feront aussi chargés d'envoyer chercher par des Soldats de la garde, les différentes choses qui doivent être fournies dans les corps - de - garde; les Soldats tireront entr'eux ceux qui devront faire les corvées.

C L X X I V.

LES Caporaux de la même garde partageront entr'eux le temps de leur garde, en sorte qu'ils aient, ainsi que les Fusiliers, également d'heures de faction à faire, soit de jour, soit de nuit; & lorsque ce partage ne pourra se faire exactement, le sort en décidera.

C L X X V.

LE Caporal qui sera chargé de poser les sentinelles, s'appellera Caporal de pose, pendant le temps qu'il sera en cette fonction.

Il prendra la consigne de celui qui aura fait la pose précédente, & ils iront ensemble relever les anciennes sentinelles, & poser les nouvelles.

C L X X V I.

UN Caporal commandant un petit poste séparé, pourra se faire aider pour poser & relever les sentinelles, par le plus ancien Fusilier de son escouade, qu'il exemptera de faction.

C L X X V I I.

LES sentinelles de la première pose seront fournies par la première escouade du poste.

C L X X V I I I.

Affiche des consignes.

LES consignes générales & particulières seront affichées dans tous les corps-de-garde, afin que les Officiers, Sergens & Caporaux soient instruits de ce qu'ils auront à faire.

Si quelqu'un déchire ces consignes, il sera mis pour quinze jours en prison.

C L X X I X.

LES deux gardes resteront sous les armes, sans envoyer relever les sentinelles, jusqu'après le passage des autres gardes qui devront aller relever des postes plus avancés dans les dehors.

C L X X X.

Descente de la garde.

APRÈS que la visite des corps-de-garde aura été faite, & que les Caporaux de l'ancienne garde l'auront rejoint avec les sentinelles relevées, les Tambours des deux gardes battront aux champs :

L'ancienne garde défilera devant la nouvelle, si elles sont en haie, se formera ensuite, & ira se mettre en bataille sur la place d'armes, pour y descendre la garde.

Si les gardes sont sur plusieurs rangs, l'ancienne garde marchera ainsi qu'elle sera formée.

CLXXXI.

CLXXXI.

LES Sergens & Caporaux qui auront été détachés d'une garde, la rejoindront lorsqu'ils auront été relevés par un nouveau détachement.

A leur retour ils rendront compte à l'Officier commandant ladite garde, & lui feront voir leurs Soldats; & ledit Commandant ne retournera point sur la place d'armes, que tout ce qui a été détaché de sa garde, n'y soit rentré, & n'y ait repris son rang.

CLXXXII.

LES troupes, tant en allant de la place d'armes à leurs postes, qu'en revenant de leurs postes à la place d'armes, marcheront, autant que la largeur des rues le permettra, dans le même ordre qu'elles auront défilé à la parade.

CLXXXIII.

IL y aura sur la place d'armes, un Officier-major de la place, pour vérifier, à l'arrivée des détachemens de la garde descendante, s'il s'y trouvera le même nombre d'hommes qui aura monté la garde; & s'il en manquoit quelqu'un, il aura soin de le faire mettre en prison :

Les Officiers descendant de la garde, informeront alors l'Officier-major, des Soldats qui auront manqué à leur devoir; & s'ils manquent à les dénoncer, ils feront mis aux arrêts pour quinze jours.

CLXXXIV.

ILS feront ensuite porter à leurs Soldats, le fusil la crosse haute, & les renverront à leurs quartiers, sans que les différens postes soient assujétis à s'attendre les uns les autres.

Renvoi de l'ancienne garde à ses quartiers.

CLXXXV.

LES Officiers ne pourront quitter leur détachement avant qu'ils soient arrivés dans le lieu indiqué pour la descente de la garde, d'où les Sergens & Caporaux ramèneront en bon ordre à leurs quartiers, les escouades de leur régiment, tant celles qui feront entières, que les Soldats des escouades brisées, qui s'incorporeront fur la place d'armes dans les autres escouades de leurs régimens.

I

CLXXXVI.

Les Sergens & Caporaux commandant de petits postes, qui ne seront point détachés de postes plus considérables, observeront les mêmes choses prescrites ci-dessus pour les Officiers.

CLXXXVII.

Décharge des armes.

Lorsqu'après avoir descendu la garde, les Soldats rentreront dans leurs casernes ou quartiers, les Sergens leur feront décharger leurs armes avec des tire-bourres, tant pour conserver les munitions, que pour prévenir les désordres.

CLXXXVIII.

Obligations des Officiers de garde.

Les Officiers de garde seront obligés de coucher au corps-de-garde, & d'y faire leurs repas, sans pouvoir s'en absenter, sous tel prétexte que ce soit :

Ils ne quitteront point leur épée ni leur hausse-col, pendant tout le temps qu'ils seront de garde :

Il n'y aura dans leur corps-de-garde qu'un fauteuil de cuir, & une table de bois, sans qu'il soit jamais permis d'y faire porter d'autre meuble.

CLXXXIX.

Poste quitté ou changé.

Tout Officier, Sergent, Caporal ou Anspessade, qui, étant de garde, quittera son poste avant d'être relevé, à moins d'un ordre par écrit du Commandant de la place, sera mis en prison pendant un mois.

CXC.

L'Officier de garde qui aura changé le poste qui lui sera échû par le sort, sera relevé & mis en prison, pour être cassé sur le compte qui en sera rendu à Sa Majesté.

CXCI.

Les Soldats, Cavaliers ou Dragons qui quitteront les postes où ils seront de garde, seront mis au cachot pour un mois.

CXCII.

Les Officiers de garde feront faire l'appel de ceux qui seront sous leurs ordres, toutes les fois qu'on relevera les sentinelles, & même plus souvent s'ils le jugent à propos.

C X C I I I.

NE pourront lesdits Officiers de garde, sous peine d'être mis aux arrêts pendant quinze jours, permettre à aucun Soldat de leur garde, de s'en absenter, lesdits Soldats devant porter avec eux leur manger en la montant, ou se le faire apporter par leurs camarades.

C X C I V.

LES Soldats qui mériteront châtiment pendant leur garde, ne pourront être punis qu'après qu'ils l'auront descendue, à moins d'un cas grave, pour lequel le Commandant du poste pourra les faire arrêter. *Punition du Soldat de garde.*

Nul Soldat de garde, pendant le temps qu'il en fera, ne pourra être arrêté sans la participation du Commandant du poste.

C X C V.

IL y aura toûjours d'ordonnance, au corps-de-garde de la place d'armes, un Sergent & un Caporal de chaque régiment d'Infanterie, & un Brigadier avec un Cavalier ou Dragon de chaque régiment de Cavalerie ou de Dragons. *Ordonnance au corps-de-garde de la place d'armes.*

C X C V I.

CHAQUE régiment fournira un sentinelle à la porte de la maison où ses drapeaux seront déposés; & pour cet effet il sera commandé quatre hommes par jour, avec un Caporal ou Anspessade, qu'on joindra au poste le plus voisin de ladite maison. *Garde des drapeaux.*

C X C V I I.

A l'heure d'assembler les gardes, ces cinq hommes conduits par leur Caporal ou Anspessade se rendront en droiture, de leur quartier audit poste, à l'heure où les gardes s'assembleront, & ne feront point d'autre service.

C X C V I I I.

LORSQUE les régimens des Gardes-françoises & Suisses se trouveront en garnison dans les places avec d'autres troupes, il leur sera départi par le Commandant de la place, des postes de choix, pour y faire la garde en tel nombre qu'il conviendra, pour qu'ils fassent un service *Gardes-françoises & Suisses.*

égal & proportionné à celui des autres troupes de la garnison.

CXCIX.

CES deux régimens tireront chaque jour au sort, pour savoir auxquels des postes affectés à chacun de ces deux corps, chaque escouade devra monter.

C C.

LORSQUE dans une place où il n'y aura point de compagnies du régiment des Gardes-françoises, il s'en trouvera du régiment des Gardes-suisses avec d'autres troupes, les deux premières compagnies du plus ancien des régimens françois de la garnison, prendront la droite sur lesdites compagnies des Gardes-suisses, & feront le service avec elles, comme feroient les compagnies des Gardes-françoises.

C C I.

S'IL n'y avoit dans la place qu'une compagnie du plus ancien corps françois de la garnison, il y sera joint une autre compagnie, laquelle sera tirée du second régiment ou bataillon françois de la garnison; & ces deux compagnies réunies, feront avec celles des Gardes-suisses, le même service expliqué ci-dessus.

C C I I.

LES compagnies des régimens françois qui auront pris des postes fixes avec celles des Gardes-suisses, reprendront, après le départ de celles-ci, l'ordre preserit pour toutes les troupes d'Infanterie.

C C I I I.

Régimens étrangers. LORSQUE dans un même poste il se rencontrera des escouades de régimens françois & étrangers, les escouades du plus ancien régiment françois prendront le rang sur celles du régiment étranger, quoique plus ancien.

DES SENTINELLES.

C C I V.

Heures de faction. LA garde sera réglée de manière que chaque Fusilier n'ait

que

que six heures de faction, & même moins s'il est possible.

C C V.

LES sentinelles seront relevées de deux heures en deux heures, de manière que celles du même poste le soient toutes en même temps.

C C V I.

PENDANT les fortes gelées, elles seront relevées d'heure en heure, & le Major en avertira à l'ordre, les jours que cela sera ordonné.

C C V I I.

LES sentinelles qui devront partir d'un poste, se mettront en haie devant le corps-de-garde, un peu avant l'heure fixée pour leur départ. *Posé des Sentinelles.*

C C V I I I.

L'OFFICIER commandant le poste, sera averti par le Caporal de pose; il sortira de son corps-de-garde, l'esponton à la main, visitera les sentinelles qui devront être mises en faction; & ne rentrera point qu'il ne les ait vûes se mettre en marche, sous la conduite du Caporal ou de l'Anspessade qui sera de pose.

C C I X.

IL aura soin, avant leur départ, d'ordonner les lieux où chacun d'eux devra être posé; & au cas que dans le nombre il se trouvât des Soldats de recrue, il examinera s'ils seront assez instruits de leur devoir, pour pouvoir les mettre en faction.

C C X.

TOUS les sentinelles suivront le Caporal ou Anspessade de pose, marchant deux à deux, sans qu'aucun puisse prendre un plus court chemin pour l'aller attendre aux endroits où il sauroit devoir être posé; il commencera par poser les sentinelles les plus éloignés, & ceux qui seront relevés, le suivront tous de la même manière.

C C X I.

LE Caporal étant arrivé près d'un sentinelle pour le relever, laissera les autres à quelques pas de distance, & s'avancera seul avec le Fusilier qui doit entrer en faction.

K

L'ancien & le nouveau sentinelle se présenteront réciproquement les armes, pour se donner la consigne en présence du Caporal, & ne mettront le fusil sur l'épaule que lorsqu'ils se sépareront.

C C X I I.

LORSQUE le Caporal ou Anspessade de pose arrivera au corps-de-garde avec tous les sentinelles relevés, il n'y rentrera point que l'Officier commandant n'en soit sorti pour l'y voir rentrer.

C C X I I I.

LES sentinelles, pendant le jour, auront le fusil sur l'épaule, & pendant la nuit ils le mettront sur le bras gauche, avec la bayonnette au bout du fusil.

C C X I V.

ILS demeureront de cette sorte, de pied ferme & sans faire aucun mouvement, lorsqu'il passera à côté d'eux une troupe ou des Officiers.

C C X V.

LES sentinelles qui seront posés aux magasins à poudre, y seront jour & nuit faction, l'épée à la main.

C C X V I.

LES sentinelles ne se laisseront approcher de trop près par personne, & ils y auront encore plus d'attention pendant la nuit que pendant le jour; & lorsque cela sera possible, ils feront passer les allans & venans, de l'autre côté des rues où ils seront posés.

C C X V I I.

LORSQUE la nuit sera fermée, le sentinelle qui entendra approcher quelqu'un, criera (*Qui va là*) jusqu'à trois fois & ne laissera passer personne, s'il ne lui est répondu de façon à se faire connoître, & si celui qui voudra passer ne porte ou fait porter du feu devant lui, ainsi qu'il est ordonné de le faire après la retraite.

C C X V I I I.

LES sentinelles ne pourront, pendant le temps qu'ils seront en faction, ni fumer, ni s'asseoir.

C C X I X.

LES Caporaux allant poſer les ſentinelles, verront ſi dans les guérites ou à côté, il n'aura point été mis des pierres pour s'aſſeoir.

C C X X.

LES ſentinelles ne recevront aucune nouvelle conſigne, *Sentinelles* que du Caporal ou Anſpeſſade qui les aura poſés, ni ne *en faute.* ſe laiſſeront relever que par eux, ou à leur défaut par les Sergens, Caporaux & Anſpeſſades qui ſeront de ſervice actuel au même poſte; & ce ſous peine d'être mis au cachot pendant un mois.

C C X X I.

TOUT ſentinelle ou vedette qui quittera le poſte où il aura été mis en faction, ſans avoir été relevé, ſera puni ſuivant la rigueur des ordonnances.

C C X X I I.

SERA puni ſuivant la rigueur des mêmes ordonnances, tout ſentinelle qui ſera trouvé endormi, ſoit de jour, ſoit de nuit.

C C X X I I I.

LORSQU'UN ſentinelle ou une vedette aura commis quelque faute qui méritera punition, on le relevera pour le faire châtier ſuivant l'exigence du cas; Sa Majeſté défend à tout Officier de les frapper pendant leur faction, ſous peine d'être caſſé.

C C X X I V.

TOUT Soldat, Cavalier ou Dragon qui inſultera ou *Sentinelle inſulté.* attaquera un ſentinelle, ſera puni ſuivant la rigueur des ordonnances.

C C X X V.

S'IL arrivoit qu'un bourgeois ou habitant, eût la témérité de frapper ou inſulter un ſentinelle ou vedette, le Commandant de la place ſera mettre en priſon ledit bourgeois ou habitant, & en informera Sa Majeſté, pour ordonner de ſa punition.

CCXXVI.

Première barrière fermée.

La première barrière de l'avancée de chaque porte demeurera fermée avec un loquet, ou une barre qu l'assujétisse.

CCXXVII.

Sentinelles en dedans.

Il sera posé deux sentinelles près de cette barrière & en dedans, dont l'un ne quittera jamais ses armes, & veillera à la sûreté de l'autre, qui sera chargé d'ouvrir & de fermer ladite barrière.

CCXXVIII.

Entrée d'une troupe.

Dès que le sentinelle de l'avancée découvrira une troupe, il appellera son Caporal pour qu'il en avertisse le Commandant du poste, qui ne la laissera point entrer quand même ce ne seroit qu'une recrue sans armes, qu'après en avoir reçû l'ordre du Commandant de la place, auquel il enverra, suivant la force de son poste, un Sergent ou un Soldat de sa garde, pour l'en informer.

CCXXIX.

Si les troupes qui paroîtront, s'avancent plus près du glacis qu'environ deux cens pas, l'Officier de garde à l'avancée, enverra, pour les reconnoître, un Sergent ou un Caporal, avec deux ou quatre Fusiliers, selon la force de son poste; ils marcheront le fusil sur le bras, la bayonnette au bout.

Dès que le Sergent ou Caporal sera à portée d'être entendu de la troupe venante, il criera *(Qui vive)*; & quelque réponse qui lui soit faite, il criera encore *(Halte-là)*. Si après l'avoir répété deux autres fois, la troupe avançoit toûjours, il fera faire feu sur elle par ses Fusiliers, & se retirera avec eux à son poste.

Si au contraire elle s'arrête, & se fait connoître, il enverra un des Fusiliers qu'il aura avec lui, en rendre compte au Commandant du poste, & restera à sa place pour empêcher que cette troupe n'avance plus près jusqu'à ce qu'il en ait reçû l'ordre.

CCXXX

C C X X X.

LES régimens, ou autres corps de la garnison, qui seroient sortis pour faire l'exercice, seront reconnus de même à leur retour; & on ne les laissera rentrer qu'en présence d'un Officier-major de la place, ou sur un ordre par écrit du Commandant.

C C X X X I.

ON ne laissera de même entrer aucune troupe arrivante, dès qu'elle sera de plus de quatre hommes, s'il n'y a un Officier de l'Etat-major de la place qui la voie entrer, ou sans un ordre par écrit du Commandant de la place, quand même elle seroit reconnue pour être de la garnison.

C C X X X I I.

DÈS que le sentinelle aura averti qu'il paroîtra une troupe, l'Officier qui commandera la garde, lui fera prendre les armes, & ne les lui fera quitter que quand la troupe sera passée.

C C X X X I I I.

LES Tambours, Timbales & Trompettes des troupes qui entreront dans une place, battront & sonneront dès la première barrière; & les Tambours des Gardes, devant lesquelles elles passeront, battront aux champs.

C C X X X I V.

S'IL se présente aux portes, des Tambours ou Trompettes venant des ennemis, les Officiers de garde aux avancées, leur feront bander les yeux, & les feront conduire de poste en poste au Commandant de la place, sans souffrir qu'ils s'arrêtent nulle part en chemin, ni qu'ils parlent à qui que ce soit. *Des Tambours & Trompettes des ennemis.*

C C X X X V.

LORSQU'IL s'y présentera des déserteurs des troupes des Puissances voisines ou ennemies, on ne souffrira point qu'ils s'arrêtent dans le corps-de-garde, ni nulle part en chemin, ni qu'ils parlent à personne avant d'avoir été menés au Commandant de la place, chez qui ils seront conduits aussi-tôt qu'ils seront arrivés. *Des Déserteurs.*

CCXXXVI.

LES Officiers de garde aux portes, ne laisseront entrer aucun Soldat, Cavalier ou Dragon, autre que de la garnison, sans s'être fait représenter leur congé.

CCXXXVII.

ILS ne laisseront entrer de même aucuns étrangers, sans qu'ils aient été interrogés par le Consigne, & sans les avoir interrogés eux-mêmes, pour savoir d'où ils viennent, où ils vont, & où ils comptent loger.

CCXXXVIII.

LESDITS étrangers seront ensuite conduits par un Fusilier de l'avancée, à l'Officier de garde à la porte, qui, après les avoir examinés de nouveau, les fera accompagner par un ou deux Fusiliers, qui les conduiront à l'Officier qui sera de garde sur la place d'armes, & ne les quitteront qu'après les lui avoir remis.

CCXXXIX.

L'OFFICIER de garde sur la place, enverra chez le Commandant tous les véritables étrangers venant des terres d'une autre domination, ou y allant.

Quant aux autres, le Commandant de la place pourra, s'il le juge à propos, charger l'Officier de garde sur la place d'armes, de les examiner, & de les laisser passer s'il lui paroît qu'on puisse le faire sans inconvénient.

Sinon il les fera conduire au Commandant de la place, ou les fera rester à son corps-de-garde jusqu'à ce qu'il y passe un Officier de l'Etat major.

CCXL.

LORSQUE ces étrangers seront des personnes d'une certaine considération, les Consignes des portes enverront sur le champ au Commandant de la place, un billet, par lequel ils lui annonceront leur arrivée & le lieu où ils devront loger : ce billet sera remis par le Consigne à l'Officier ou Sergent qui commandera la garde de l'avancée, & celui-ci le fera passer de poste en poste au Commandant de la place.

C C X L I.

TOUS cabaretiers, & autres habitans des places, de quelque qualité & condition qu'ils soient, seront tenus de remettre chaque jour au Commandant de la place, un état des étrangers qui seront arrivés chez eux, sur lequel ils marqueront le temps qu'ils devront rester, au cas qu'ils y séjournent.

C C X L I I.

IL y aura à la porte du Commandant, près du sentinelle, une boîte en forme de tronc, fermant à clef, dans laquelle les consignes apporteront tous les soirs, aussi-tôt que les portes auront été fermées, l'état des étrangers qui seront entrés pendant le jour, sur lequel seront marqués les noms des bourgeois & aubergistes chez lesquels ils auront dit vouloir loger.

C C X L I I I.

CETTE boîte sera retirée une heure après la fermeture des portes, & sera ouverte par un Officier-major de la place, qui vérifiera les listes des consignes, & les déclarations des particuliers, & en dressera un état.

C C X L I V.

LORSQU'IL se présentera des voitures au dehors, pour *Des Voitures.* entrer dans la place, elles seront visitées par le Consigne de la porte, avec un Caporal & quelques Fusiliers, afin d'examiner s'il n'y a rien qui tende à surprise ; comme Soldats cachés, armes, poudre, & autres munitions de guerre.

C C X L V.

AVANT de laisser entrer ces voitures, le sentinelle criera (*Arrête*) ; ce qui sera répété de sentinelle en sentinelle, jusqu'à celui de la porte de la place : ce dernier sentinelle empêchera alors aucune voiture de sortir ; & s'il n'y en a point entre les portes, il criera (*Marche*), ce qui sera répété de sentinelle en sentinelle, jusqu'à celui de l'avancée qui fera défiler les voitures de distance en distance, de manière que tous les ponts ne soient point embarrassés en même-temps, & que l'on en puisse toûjours lever quelqu'un en cas de besoin.

C C X L V I.

PENDANT que les voitures du dehors entreront, le sentinelle de la porte fera ranger les voitures qui se présenteront pour sortir, afin qu'elles n'embarrassent point le passage.

Lorsque toutes les voitures arrivantes seront passées, il criera à son tour *(Arrête)*; & cette parole étant arrivée au sentinelle de l'avancée, dès qu'il aura répondu *(Marche)*, celui de la porte laissera partir les voitures qui voudront sortir, avec les mêmes précautions ci-dessus détaillées.

C C X L V I I.

Fermeture des portes.

LES Gouverneurs & Commandans des places, prendront leurs mesures, de manière que les portes en soient fermées avant la nuit; & elles ne seront point ouvertes qu'il ne soit jour, à moins d'une grande nécessité.

C C X L V I I I.

UNE heure avant la fermeture des portes, le Tambour de la garde montera sur le parapet, pour y battre la retraite.

C C X L I X.

A la même heure, on sonnera une cloche à ce destinée, pour avertir ceux qui seront sortis de la ville, d'y rentrer; & les gens de la campagne ou autres passagers d'en sortir.

C C L.

UNE demi-heure après, deux Soldats de chacune des gardes des portes, & les portiers, s'il y en a, se rendront chez le Commandant, où se trouvera un Officier-major de la place, pour leur distribuer les clefs.

C C L I.

LES clefs qui doivent être entre les mains du Commandant, seront enfermées chez lui, dans un coffre de bois ferré; celles de chaque porte seront mises dans un sac de cuir, sur lequel le nom de la porte sera écrit; & les autres, telles que celles des poternes & soûterrains, seront toutes étiquetées, de manière qu'elles ne puissent se confondre.

C C L I I.

IL se trouvera chez le Commandant, un Capitaine des
portes,

portes, ou Officier-major, pour faire faire la distribution des clefs auxdits Soldats, & avoir attention que l'on remette à chacun d'eux, celles de la porte dont ils auront été détachés.

C C L I I I.

LES Soldats commandés de chaque porte, y porteront les clefs aussi-tôt qu'elles leur auront été remises; faisant marcher entr'eux le portier qui en aura été chargé, sans souffrir qu'il s'arrête en chemin.

C C L I V.

DANS les places où il n'y a point de portiers établis, un de ces deux Soldats ira chez le Commandant, sans armes; & après qu'il aura reçû le sac des clefs, il reviendra à son corps-de-garde, escorté par l'autre Soldat armé.

C C L V.

A la même heure à laquelle on ira chercher les clefs, l'Officier de garde à l'avancée (ou si son poste n'est pas assez considérable pour cela, l'Officier de garde à la porte) détachera un Sergent & quatre Fusiliers pour aller se placer à la première barrière, avec ordre d'examiner, encore plus soigneusement que dans le reste du jour, les personnes qui pourroient s'y présenter.

C C L V I.

LES clefs arrivant aux portes, l'Officier sera prendre les armes à sa garde, & attendra pour procéder à la fermeture des portes, l'arrivée du Capitaine des portes, ou d'un Officier-major de la place.

C C L V I I.

LORSQU'IL verra arriver ledit Capitaine des portes, ou Officier-major, il fera faire haut les armes à sa garde, qui se partagera en double haie sous la voûte, & se portera auprès de la porte; il en sera avancer deux Fusiliers jusque sur le pont levis.

C C L V I I I.

L'OFFICIER-major ou Capitaine des portes étant arrivé, il lui sera donné deux Fusiliers de renfort pour l'escorte des clefs, avec lesquels il se portera d'abord à la barrière la plus avancée, qu'il fermera à la clef après qu'on aura retiré les sentinelles extérieures.

C C L I X.

IL fermera ensuite successivement, en retournant vers la place, les autres portes & barrières, & fera relever les ponts levis.

C C L X.

LORSQU'IL passera à portée des Officiers commandant les postes du dehors, il leur donnera le mot que le Commandant de la place lui aura donné pour eux; les Commandans des postes plus éloignés, auront soin de faire trouver sur son chemin, des Sergens ou Caporaux à qui il le donnera, & qui le rapporteront sur le champ aux Commandans des postes dont ils auront été envoyés.

C C L X I.

LE Caporal de consigne éclairera avec son falot celui qui fermera les portes.

Il sera détaché de la garde de la porte ou des avancées, des Soldats avec leurs armes ou sans armes, pour aider aux manœuvres nécessaires, lesquels rentreront avec l'Officier-major.

C C L X I I.

CHACUN des Officiers à qui les portes seront confiées, s'assureront, à mesure qu'on les fermera, que les verroux, serrures & cadenats, seront effectivement bien fermés.

C C L X I I I.

PENDANT tout le temps que durera la fermeture des portes, le Tambour de la garde sera sur le rempart où il battra aux champs.

Si cependant on ouvre les portes pendant la nuit, il ne battra point, ne devant battre depuis la retraite, jusqu'au jour, qu'en cas d'alarme.

C C L X I V.

Renvoi des clefs. LES portes étant fermées, les clefs seront rapportées chez le Commandant de la place, dans le même ordre qu'on les aura été chercher.

CCLXV.

ELLES seront mises sur une table dans l'antichambre, & gardées par un des Fusiliers qui les aura escortées, lequel sera relevé par un des Fusiliers qui escortera les clefs d'une autre porte; & ainsi successivement, jusqu'à ce que toutes les clefs étant arrivées, le Capitaine des portes ou Officier-major chargé de les rassembler, les fera renfermer, après avoir vérifié s'il n'en manque point.

CCLXVI.

S'IL est besoin d'ouvrir les portes pendant la nuit, elles ne le seront qu'en présence d'un Officier-major de la place. *Ouverture des portes pendant la nuit.*

CCLXVII.

DÈS que les portes auront été fermées, les Caporaux feront la grande pose, c'est-à-dire, celle des sentinelles d'augmentation pour la nuit, dans les postes qui leur auront été marqués. *Grande Pose.*

Ils les instruiront avec exactitude de ce qu'ils auront à faire, & visiteront leurs autres sentinelles pour leur faire répéter leur consigne.

CCLXVIII.

A la pointe du jour, les Tambours de garde aux portes & aux postes extérieurs, monteront sur le parapet, & y battront la Diane. *Diane.*

CCLXIX.

UNE demi-heure avant l'ouverture des portes, on ira chercher les clefs; & en attendant leur arrivée, la garde prendra les armes, & se placera; le tout comme il a été prescrit pour la fermeture desdites portes. *Ouverture des portes.*

CCLXX.

L'OFFICIER de garde fera aussi monter des Sergens & Caporaux sur le rempart, pour écouter & découvrir s'il ne se passera rien dans le dehors de la place.

CCLXXI.

A mesure que l'Officier-major ou Capitaine des portes, ayant avec lui les gens nécessaires pour les ouvrir, & le détachement commandé pour faire la découverte, passera les ponts levis & barrières pour arriver à la plus avancée, on relevera lefdits ponts levis, & refermera les barrières derrière lui.

C C L X X I I.

LORSQU'IL n'y aura point de garde de nuit dans les ouvrages avancés, l'Officier commandant la garde de la porte, commandera un détachement pour y accompagner le Capitaine des portes.

C C L X X I I I.

LE Commandant de la place fera commander à l'ordre, tous les jours, un nombre de Cavaliers ou Dragons à cheval, ou de Grenadiers, tel qu'il le jugera à propos, pour faire la découverte; & il leur fera prefcrire jufqu'où ils devront aller, & les attentions qu'ils devront avoir.

C C L X X I V.

S'IL n'y a perfonne de commandé pour ce fervice, l'Officier commandant la garde de la porte, fera, pour y fuppléer, paffer avec le Capitaine des portes, un Sergent ou Caporal & quelques Soldats de fa garde, qu'il inftruira de ce qu'ils auront à faire.

C C L X X V.

LE Capitaine des portes étant arrivé à la barrière la plus avancée, l'ouvrira, & la refermera auffi-tôt après que le détachement fera forti.

C C L X X V I.

SI lors de cette première ouverture des portes, il fe préfente des habitans, ou autres perfonnes pour fortir de la place, on ne le leur permettra pas fans un ordre du Commandant de la place, & on les fera retirer en dedans, à trente pas du corps-de-garde.

On obligera de même les payfans ou autres, qui fe préfenteront à la barrière pour entrer, à s'en éloigner à cent pas en dehors, jufqu'à ce que les portes foient entièrement ouvertes.

C C L X X V I I.

LE détachement qui aura fait la découverte, étant de retour à la barrière, celui qui le commandera rendra

compte

compte de ce qu'il aura vû, à l'Officier qui fera à ladite barrière.

Sur fon rapport, après que les hommes & voitures qui attendoient, auront été reconnus, la barrière & les portes, tant de l'avancée que de la place, feront ouvertes, & les ponts baiffés, les gardes reftant en haie & fous les armes, jufqu'à ce que le tout foit entré dans la place, après quoi on refermera la première barrière.

CCLXXVIII.

LES jours qu'il fera affez de brouillard pour qu'on ne puiffe pas découvrir à un certain éloignement, on n'ouvrira pas les barrières que le brouillard ne foit entièrement diffipé; & une partie de la garde de l'avancée fe tiendra près de la première barrière.

CCLXXIX.

APRÈS que les portes auront été ouvertes, les Caporaux retireront les fentinelles d'augmentation qu'ils auront pofées pendant la nuit.

Sentinelles de nuit, retirées.

CCLXXX.

LES Caporaux de configne porteront chez le Major de la place, les regiftres & les boîtes des rondes & patrouilles.

Regiftres & boîtes de rondes, portées chez le Major.

CCLXXXI.

A leur retour, ils feront nettoyer & balayer les corps-de-garde, le terrein que les gardes doivent occuper, le deffous des portes, & les ponts, & feront ôter les ordures qui fe trouveront fur les remparts dans l'étendue de leurs poftes; ce travail fera fait par les Soldats de leur garde, qui tireront au fort à cet effet.

Propreté des corps-de-garde.

CCLXXXII.

UN Sergent de chaque pofte commandé par un Officier, & un Caporal de chaque pofte commandé par un Sergent, fe rendront chez le Major, après l'ouverture des portes, pour lui rendre compte de ce qui aura pû arriver de nouveau, aux poftes dont ils feront.

Compte de la nuit.

Si le Major le juge à propos, il les renverra à leur pofte, ou leur ordonnera d'aller rendre compte au Commandant de la place.

N

CCLXXXIII.

Alarme. EN cas d'alarme, les Officiers de garde aux portes, feron[t] fermer sur le champ les barrières, & lever les ponts d[e] l'avancée, & en donneront avis sans perte de temps, a[u] Commandant de la place, dont ils attendront les ordre[s,] leurs gardes restant sous les armes.

CCLXXXIV.

Processions. LORS des Processions, on tiendra les portes fermée[s] pendant tout le temps qu'elles dureront, & jusqu'à c[e] qu'elles soient rentrées dans l'église.

DU MOT ET DE L'ORDRE.

CCLXXXV.

Mot pour les postes extérieurs. APRÈS que la garde sera défilée, le Commandant d[e] la place, avant de se retirer, donnera au Major le Mo[t] qui, lors de la fermeture des portes, devra être donné au[x] postes avancés, lesquels ne pourroient l'envoyer cherche[r] à l'heure que l'ordre se donnera à la garnison; il aur[a] attention que ce mot ne soit pas le même que celui qu[i] devra être donné le même jour à l'Ordre.

CCLXXXVI.

Heure de l'Ordre. L'ORDRE se donnera tous les jours sur la place d'armes[,] immédiatement après la fermeture des portes; & ne se pourra jamais donner avant que les portes soient fermées, sous tel prétexte que ce puisse être.

CCLXXXVII.

Le Major le recevra du Commandant. LE Major de la place ira recevoir l'ordre & le mot du Commandant, & viendra le donner aussi-tôt après sur la place d'armes.

CCLXXXVIII.

Les Majors des régimens, de celui de la place. LES Majors & Aide-majors des régimens d'Infanterie, & un Sergent par compagnie desdits régimens, s'y trouveront pour le recevoir.

CCLXXXIX.

Cercle de l'Infanterie. CHAQUE Sergent allant à l'ordre, mènera avec lui un Caporal de sa compagnie.

C C X C.

UN Sergent avec le Caporal de consigne de chacune des gardes du dedans de la place, viendra aussi prendre l'ordre & le mot, au grand cercle sur la place d'armes.

C C X C I.

SI le poste est commandé par un Sergent, ce sera le Caporal qui viendra à l'ordre; & s'il est commandé par un simple Caporal, ce sera le premier Fusilier.

C C X C I I.

LORSQUE le Major voudra donner l'ordre, le Tambour du corps-de-garde de la place, battra à l'ordre.

C C X C I I I.

ALORS les Sergens, la hallebarde en main, & ceux des Grenadiers avec leur fusil, formeront un cercle qui commencera par le Sergent de la première compagnie du plus ancien régiment, & sera fermé par le Sergent de la dernière compagnie du régiment le moins ancien.

C C X C I V.

LES Caporaux formeront un cercle, à un grand pas derrière les Sergens; & pendant tout le temps que l'ordre se donnera, ils auront les armes présentées au dehors, & empêcheront que personne n'approche du cercle.

C C X C V.

LES Tambours-majors des régimens, se mettront entre les Sergens & les Caporaux.

C C X C V I.

LE Caporal de consigne de la garde de la place d'armes, apportera un falot au grand cercle, pour éclairer le Major lorsqu'il donnera l'ordre.

C C X C V I I.

LE Major de la place étant entré dans le cercle avec *Donner l'Ordre.* les Majors des régimens d'Infanterie, commencera par nommer les Officiers qui devront être de garde ou de ronde le lendemain.

Il expliquera ensuite l'ordre pour les détachemens, la garde, les rondes, & les autres détails relatifs au service de la place.

CCXCVIII.

Jusque-la, tous les Officiers & Sergens seront demeurés le chapeau sur la tête.

CCXCIX.

Puis le Major appellera à l'ordre, ôtera son chapeau, ainsi que les Officiers & Sergens, & donnera le mot à l'Officier-major du plus ancien régiment, qui le donnera aux autres.

CCC.

Donner le Mot.

Le Major de la place donnera ensuite le mot au premier Sergent du cercle, qui s'avancera pour le recevoir, & qui étant retourné à sa place, le donnera au second; celui-ci au troisième, & ainsi de suite; les Sergens restant chapeau bas, jusqu'à ce que le dernier Sergent du cercle ait rendu le mot au Major.

CCCI.

Dans les garnisons où il y aura beaucoup de troupes, le premier Sergent, après avoir reçû le mot le fera passer par la droite & par la gauche; & les deux Sergens du centre le rapporteront au Major.

CCCII.

Pendant que les Sergens se donneront le mot, les Officiers-majors passeront le long des Sergens de leurs régimens, pour écouter si le mot ne se change point.

CCCIII.

Si lorsque le mot aura été rendu au Major, il se trouve qu'il ait été changé, il sera donné une seconde fois dans la même forme; ce qui sera répété autant de fois qu'il sera nécessaire.

CCCIV.

Cercles particuliers.

L'ordre étant rendu au Major, il sera rompre le grand cercle de l'Infanterie; & les Sergens de chaque régiment en formeront de séparés, où leur Major leur répétera & expliquera plus en détail ce qui aura été dit au grand cercle: puis il leur rendra les ordres qu'il aura reçûs du Commandant du régiment, sur ce qui concernera la police intérieure du corps.

CCCV.

CCCV.

LES Sergens & Caporaux détachés des postes, ne s'arrêteront point au petit cercle de leur régiment, & ils iront promptement porter l'ordre aux Commandans de leurs postes, qui les distribueront aux Sergens & Caporaux qui feront de garde avec eux.

CCCVI.

LE Major de la place, aprés avoir donné le mot sur la place, ira le rendre au Commandant de qui il l'aura reçû, à moins qu'il ne doive faire la ronde-major ; auquel cas il lui rendra le mot en lui rendant compte de sa ronde.

CCCVII.

LORSQUE le Lieutenant de Roi se trouvera Commandant, le Major ne pourra se dispenser d'aller lui rendre le mot tous les jours.

CCCVIII.

IL le lui portera une fois le mois en personne, quand le Gouverneur, ou un Commandant supérieur, se trouvera dans la place ; & les autres jours il le lui enverra par un Aide-major.

CCCIX.

QUAND il y aura un Officier général employé dans une place, le Major ira prendre le mot de lui, & n'en sera pas moins tenu d'aller recevoir l'ordre du Gouverneur, Lieutenant de Roi, ou Commandant de la place.

CCCX.

S'IL y avoit plusieurs Officiers généraux employés ; le Major de la place iroit recevoir le mot du plus ancien d'entre eux, & l'enverroit aux autres par un Aide-major.

CCCXI.

LES Inspecteurs généraux, qui feront Officiers généraux des troupes, donneront pareillement le mot dans les places, quand ils y feront actuellement dans les fonctions de leur charge.

CCCXII.

LE Major enverra l'ordre au Commissaire des guerres, à l'Ingénieur en chef & au Commandant de l'Artillerie,

O

par des Sergens de la garnison, lesquels le leur porteront chacun à leur tour.

C C C X I I I.

LE Major de chaque régiment portera le mot & l'ordre au Commandant du régiment, tel qu'il soit.

C C C X I V.

SI le Major du régiment ne va pas lui-même à l'ordre, l'Aide-major qui l'aura pris pour lui, le lui portera, après l'avoir donné au Commandant du régiment.

C C C X V.

LES Aide-majors des corps porteront l'ordre au Lieutenant-colonel de leur régiment, & aux Commandans de leurs bataillons, quand même le Colonel seroit présent.

C C C X V I.

LES Officiers-majors ne seront tenus de porter l'ordre aux Officiers supérieurs, qu'à leur logement ou à l'endroit qu'ils auront indiqué, à moins qu'il n'y eût quelque chose de nouveau, auquel cas ils les chercheront jusqu'à ce qu'ils les aient trouvés.

C C C X V I I.

LES Sergens iront porter le mot & l'ordre à leur Capitaine; ils leur donneront le mot à l'oreille, & leur répéteront tout ce qui aura été dit au cercle.

A l'égard des autres Officiers de la compagnie, ils ne leur porteront le mot que lorsqu'ils auront été commandés.

Lesdits Sergens auront la hallebarde à la main, & le chapeau bas, en donnant l'ordre, & les Officiers le recevront pareillement le chapeau bas.

C C C X V I I I.

AUCUN Capitaine ne pourra dispenser le Sergent qui devra lui porter l'ordre, de s'en acquitter régulièrement tous les jours, quand même il n'y auroit que le mot à lui donner.

C C C X I X.

LES Sergens finiront par aller dans les chambrées, où ils expliqueront aux Soldats de leur compagnie, ce qui aura été ordonné au cercle, & les défenses qui y auront été faites, sans cependant leur dire le mot.

C C C X X.

LORSQUE les régimens des Gardes-françoises & Suisses, se trouveront dans les garnisons avec d'autres troupes, les Sergens de ces deux régimens feront un cercle à part, pour prendre le mot du Major de la place, séparément des autres Sergens de la garnison.

Gardes-françoises & Suisses.

C C C X X I.

LORSQUE les compagnies du régiment des Gardes-suisses se trouveront dans une place, sans celles des Gardes-françoises, les Sergens du plus ancien corps françois prendront la droite, & feront un cercle à part avec les Sergens des Gardes-suisses.

Régimens étrangers.

C C C X X I I.

LES Sergens d'un régiment étranger, quoique plus ancien que les régimens françois de la garnison, n'auront jamais que le second rang dans le cercle qui sera formé pour l'ordre.

DE LA RETRAITE ET DES PATROUILLES.

C C C X X I I I.

LA retraite générale de la garnison, sera battue aussi-tôt après que l'ordre aura été donné, & que les cercles particuliers des corps se seront séparés.

Heure de la Retraite.

C C C X X I V.

TOUS les Tambours la battront, & lorsqu'il y aura des régimens de différente nation dans la place, ceux des régimens françois marcheront tous ensemble, & les étrangers séparément, à leur suite.

Marche des Tambours.

C C C X X V.

POURRONT cependant les Commandans des grandes places, affecter aux différens corps de Tambours, des quartiers particuliers pour y battre la retraite; auquel cas ils partiront tous ensemble de la place d'armes, & s'y sépareront pour aller chaque bande au quartier qui lui sera désigné, où ils cesseront de battre lorsqu'ils seront arrivés à l'endroit qui leur aura été prescrit.

C C C X X V I.

Retraite des bourgeois.

UNE heure après la retraite de la garnison, celle des bourgeois sera sonnée par la cloche du Beffroy, ou autre à ce destinée.

C C C X X V I I.

Rentrée des Soldats au quartier.

LES Soldats, Cavaliers & Dragons, devront alors être rentrés dans leur quartier, ou chez leur hôte.

Ceux qui travailleront en ville, y seront de même assujétis, à moins qu'ils n'aient une permission particulière, pour coucher dans la maison de celui chez lequel ils travailleroient, ou pour se retirer plus tard.

Ces permissions ne seront valables qu'autant qu'elles seront signées d'un Officier de la compagnie, & approuvées des Commandans du régiment & de la place.

C C C X X V I I I.

Obligation de porter du feu.

APRÈS la retraite des bourgeois sonnée, aucune personne, ni Officier, ni bourgeois, ne pourra aller dans les rues, sans porter ou faire porter devant soi un flambeau, lanterne ou mèche allumée; & les sentinelles ne laisseront passer qui que ce soit qui n'ait du feu.

C C C X X I X.

Patrouilles.

IL sera commandé des patrouilles, pour parcourir les rues & quartiers de la ville, depuis la retraite sonnée au Beffroy, jusqu'au jour.

C C C X X X.

LE nombre des patrouilles sera réglé par le Commandant de la place, qui leur prescrira le chemin qu'elles auront à tenir, observant de les en faire changer souvent.

C C C X X X I.

IL y aura à chaque patrouille au moins un Soldat, Cavalier & Dragon de chacun des corps de la garnison, un Sergent de ville ou autre habitant.

C C C X X X I I.

Personnes arrêtées par les Patrouilles.

CES patrouilles arrêteront tous les Officiers qui pourroient avoir quelques débats & querelles, & les conduiront

chez

chez le Major, qui les fera mettre en lieu de sûreté, jusqu'à ce que le Commandant en ait ordonné.

C C C X X X I I I.

ELLES arrêteront pareillement, & conduiront au corps-de-garde de la place, tous les Gendarmes, Cavaliers, Dragons & Soldats qu'elles trouveront dans les rues ou dans les cabarets, quand même ils n'y feroient point de bruit; & ils seront mis en prison pour un mois, de même que ceux qui, ayant eu permission de se retirer plus tard, seront arrêtés hors du chemin qu'ils devront tenir pour se rendre à leur quartier ou logement.

C C C X X X I V.

LES bourgeois & autres qui seront trouvés dans les rues sans feu, ou faisant du desordre, seront de même conduits au corps-de-garde, où ils resteront jusqu'au lendemain matin, qu'il en sera donné avis au Commandant de la place, lequel les remettra au pouvoir des Juges ordinaires, pour être punis suivant les ordonnances de police.

C C C X X X V.

SI le desordre ou le délit commis par lesdits bourgeois ou autres habitans, intéressoit la sûreté de la place, l'autorité du commandement, ou le service de Sa Majesté, le Commandant de la place les retiendra en prison, jusqu'à ce que, sur le compte qu'il en rendra au Secrétaire d'Etat ayant le département de la guerre, il lui ait fait savoir les intentions de Sa Majesté.

D E S   R O N D E S.

C C C X X X V I.

DÈS que la retraite aura été battue, les sentinelles ne laisseront plus passer qui que ce puisse être sur les remparts, que les rondes & les patrouilles. *Rempart interdit après la retraite.*

C C C X X X V I I.

LE Commandant de la place règlera le nombre d'Officiers & de Sergens de ronde, & les heures où ils devront faire ce service, selon les saisons, & de manière *Nombre & heure des Rondes.*

qu'il y ait toûjours, s'il se peut, des Officiers sur le rempart, depuis la fermeture des portes jusqu'à ce qu'on les ouvre.

C C C X X X V I I I.

Chemin qu'elles feront.

LES rondes partiront du poste qui sera désigné par le Commandant de la place, & feront le tour du rempart en entier revenant aboutir au même poste dont elles seront parties.

C C C X X X I X,

Rondes de Sergens.

LORSQUE les Commandans le jugeront à propos, ils ordonneront une ronde de Sergens, en même temps que celle d'Officiers; alors ces deux rondes prendront les deux chemins contraires, pour se croiser au milieu de celui qu'elles auront à parcourir.

C C C X L.

Contre-rondes.

ILS pourront aussi faire faire des contre-rondes, par des Sergens ou Caporaux qu'ils feront partir des autres postes.

C C C X L I.

Division de la Ronde.

DANS les places d'une trop grande étendue, on pourra commander le double d'Officiers & Sergens pour les rondes, & chacun d'eux n'en fera que la moitié.

Les Commandens indiqueront en ce cas, les postes d'où chacun d'eux devra partir, & ceux où ils devront finir leur tournée.

C C C X L I I.

Rondes par les Officiers de garde.

DU jour que les Officiers de semestre auront eu la permission de partir, jusqu'à celui qui aura été fixé pour leur retour, les Commandans des places pourront, s'ils le jugent à propos, faire faire les rondes par les Officiers de garde; bien entendu que s'ils ne suffisent pas pour faire toutes celles qui seront ordonnées, on y suppléera par d'autres Officiers de la garnison.

Dès que les semestriers auront dû rejoindre, on commandera expressément pour ce service d'autres Officiers que ceux de garde, qui ne devront plus alors être occupés que du soin des postes qui leur seront confiés.

C C C X L I I I.

Officiers commandés pour les Rondes.

LES Officiers qui devront faire la ronde, seront com-

mandés la veille, à l'Ordre, immédiatement après ceux qui
doivent monter la garde le lendemain.

C C C X L I V.

ILS se rendront sur la place d'armes, à l'heure que la *Tirer les Rondes.*
garde doit monter; & avant qu'elle défile, ils tireront au
sort les heures auxquelles ils devront les faire, & ne pourront les changer entr'eux.

C C C X L V.

LES Capitaines tireront les premiers, les Lieutenans
ensuite, & sans admettre aucune différence entr'eux pour
les heures auxquelles ils devront faire leurs rondes, que
le sort seul décidera.

C C C X L V I.

LES Sergens tireront ensuite entr'eux, ils seront pris,
pendant toute l'année, des postes où il montera des Officiers; on ne fera point faire de ronde à ceux qui commanderont des postes; & au cas qu'il n'y en eût pas un
assez grand nombre des premiers, on en commandera
d'autres qui ne feront ce jour-là d'aucun service dans la
garnison.

C C C X L V I I.

LE Major de la place écrira sur son registre, les noms *Registres des*
& les grades des Officiers de ronde, auxquels les différentes *Rondes.*
heures seront échûes, & les Officiers signeront sur ce
registre, à mesure qu'ils tireront au sort.

C C C X L V I I I.

LES Officiers qui changeront l'heure de leur ronde,
ou qui manqueront à la faire, seront mis en prison pendant un mois.

C C C X L I X.

IL sera délivré à chacun des Officiers commandés, au- *Marrons.*
tant de pièces de plomb ou de cuivre (appelées *Marrons*),
où l'heure de la ronde sera empreinte, qu'il y aura de
boîtes sur le chemin des rondes qu'ils auront à faire.

C C C L.

TOUT Officier de ronde sera, sous peine d'être mis en *Falot de Ronde.*
prison, porter un falot devant lui, & ne se servira pour

cela d'aucun Soldat pris dans les corps-de-garde, qui n'en fourniront que pour conduire de poste en poste, & éclairer la ronde-major, ou celle du Commandant de la place, lorsqu'il jugera à propos de la faire.

C C C L I.

LES Sergens & Caporaux de ronde seront, sous peine de prison, obligés de porter un falot.

C C C L I I.

Attentions en faisant la Ronde.

LES Officiers de ronde suivront exactement le parapet des ouvrages dans lesquels ils devront passer; ils examineront si les sentinelles sont exacts à leur faction, s'il n'y en a point d'endormis, & s'il n'en manque point; ils monteront de temps en temps sur le parapet, pour voir, lorsque la nuit ne sera pas trop obscure, ou du moins pour écouter ce qui se passera dans le fossé.

Ils s'arrêteront à tous les corps-de-garde, pour donner le Mot.

C C C L I I I.

Reconnoissance des Rondes.

LORSQUE le sentinelle d'un poste apercevra une ronde ou patrouille, il lui criera *(Qui va-là)*; & lorsque cette ronde se sera annoncée, il avertira son Caporal, en lui disant quelle ronde c'est.

C C C L I V.

LE Caporal sortira du corps-de-garde, se faisant éclairer par un Soldat, s'avancera au sentinelle qui est devant les armes, criera *(Qui va-là)*; & lorsqu'on lui aura répondu & qu'il aura reconnu la ronde ou patrouille, il criera *(Avance qui a l'ordre)*, tirera son épée; & mettant le pouce gauche sur la pointe, la présentera vis-à-vis l'estomac de celui qui fera la ronde ou la patrouille, il en recevra le Mot, & s'il est bon, le laissera passer.

C C C L V.

Signature des Officiers de Ronde.

IL y aura des corps-de-garde désignés suivant la volonté du Commandant de la place, où les Officiers de ronde signeront leur nom, dans un registre uniquement destiné à cet usage, & qui y sera fourni par le Major de la place.

CCCLVI.

CCCLVI.

IL y aura d'autres corps-de-garde, où ils laisseront un de leurs marrons, & d'autres où ils en laisseront de même, & signeront encore.

CCCLVII.

LORSQUE les Officiers de ronde signeront sur le registre, ils ne laisseront point d'intervalle entre leur nom & les noms de ceux qui auront déjà signé.

CCCLVIII.

DANS chaque corps-de-garde, ou autres lieux désignés pour recevoir les marrons des rondes, il y aura une boîte faite pour cet usage, dont le Major aura la clef, & sur laquelle sera marqué le nom du corps-de-garde ou autre poste où elle devra être.

Boîtes & registres pour les Rondes.

CCCLIX.

LES Caporaux de consigne, lorsqu'ils monteront la garde, recevront des mains du Caporal de consigne du corps-de-garde de la place d'armes, les boîtes & registres, & se chargeront de les placer où elles devront être.

CCCLX.

LES Officiers ou Sergens faisant leurs rondes, remettront eux-mêmes dans les boîtes, les marrons qui leur auront été donnés.

CCCLXI.

LE lendemain, à sept heures du matin, ou immédiatement après l'ouverture des portes quand elle se fera plus tard, les Caporaux de consigne rapporteront au Major les boîtes & les registres, afin qu'il vérifie si les rondes auront été faites exactement, & dans l'ordre prescrit, pour en rendre compte au Commandant de la place.

CCCLXII.

LES Caporaux de consigne reporteront ensuite les boîtes, marrons & registres au corps-de-garde qui sera sur la place d'armes, où le Caporal de consigne s'en chargera jusqu'à la garde montante.

CCCLXIII.

LES Officiers commandés pour les rondes, ne les pour-

Rondes se feront à pied.

Q

ront faire qu'à pied : si néanmoins il s'en trouve quelques-uns dans les régimens, d'assez âgés ou d'assez infirmes pour ne le pouvoir pas, Sa Majesté trouve bon que les Commandans des places leur permettent de les faire à cheval; bien entendu qu'ils pourront suivre le chemin des rondes, dans toutes ses parties, aussi exactement que s'ils étoient à pied, & qu'ils porteront avec eux cette permission par écrit, au moyen de laquelle les sentinelles les laisseront passer, observant seulement de les faire mettre pied à terre à tous les corps-de-garde où ils devront donner le Mot.

C C C L X I V.

LORSQUE les rondes se rencontreront sur le rempart, la première qui découvrira l'autre, criera *(Qui va-là);* l'autre répondra *(Ronde),* en disant si c'est de Capitaine ou de Lieutenant, & de quel régiment.

La première s'annoncera ensuite; & lorsqu'elles se joindront, l'Officier du caractère inférieur donnera le Mot; & si le caractère est égal, l'Officier du plus ancien régiment le recevra.

C C C L X V.

LE Major de la place, ou à son défaut un Aide-major, fera tous les jours la ronde après l'ordre donné, observant de ne la pas faire tous les jours à la même heure; il ira ensuite en rendre compte au Commandant de la place, & lui portera le mot en même temps.

C C C L X V I.

LES Gouverneurs, Lieutenans de Roi & Commandans, feront la ronde toutes les fois qu'ils le jugeront à propos, lesdits Commandans ou Officiers de l'Etat-major de la place, pourront faire leur ronde à cheval, sans être obligés d'en descendre en aucun cas.

C C C L X V I I.

LORSQU'ILS feront leur ronde, & que le sentinelle aura averti son Caporal, celui-ci en avertira l'Officier qui commandera chaque corps-de-garde, lequel fera sortir toute sa garde, & la fera mettre en haie ou sur plusieurs rangs

u dehors du corps-de-garde, dans le même ordre qu'elle
oit être disposée pendant le jour.

Après avoir fait reconnoître la ronde du Commandant
l dira *(Avance à l'ordre)*; puis il donnera le Mot en per-
onne, sans pouvoir le faire donner par un Sergent ni
Officier subalterne.

C C C L X V I I I.

L'OFFICIER qui donnera le Mot au Commandant, aura
l'esponton à la main; il sera escorté de quatre Fusiliers
à bayonnette au bout du fusil, faisant haut les armes,
marchant deux pas derrière lui, & il s'avancera dix pas en
avant de la garde, étant éclairé par le Caporal de consigne.

C C C L X I X.

POUR donner le Mot au Major (ou à l'Aide-major)
lorsqu'il fera sa première ronde, appelée Ronde-major
l'Officier aura de même son esponton à la main; mais il
fera seulement accompagné de deux Fusiliers, & ne s'avancera que quatre pas au delà de la sentinelle qui sera devant
les armes.

C C C L X X.

SI le Gouverneur, Lieutenant de Roi ou Commandant, juge à propos de faire plus d'une ronde dans la nuit,
l'Officier commandant dans chaque poste ira le recevoir,
& lui donnera le Mot comme à la première ronde.

C C C L X X I.

SI après la ronde-major, les Majors & Aide-majors en
veulent faire quelqu'autre, ils donneront eux-mêmes le
Mot au Caporal, qui les recevra comme de simples rondes.

C C C L X X I I.

LES Inspecteurs pourront faire leur ronde quand ils le
jugeront à propos, en ce cas ils en avertiront le Commandant de la place; & les Officiers du corps-de-garde en
useront à leur égard, de même qu'il est ci-dessus prescrit pour
les Gouverneurs, Lieutenans de Roi & Commandans.

Ronde des
Inspecteurs.

C C C L X X I I I.

LES Sergens qui commanderont dans des postes,

Sergens comman-
dant des postes.

recevront les rondes, de la même manière qu'il est prescrit aux Officiers de le faire.

CCCLXXIV.

Gardes-françoises & Suisses.

LES Officiers subalternes des régimens des Gardes-françoises & Suisses, feront la ronde dans les places où ils se trouveront en garnison, ainsi que les autres Officiers d'Infanterie.

DES DÉTACHEMENS
de guerre, & Partis.

CCCLXXV.

N'excéderont moitié de la garnison.

LES Gouverneurs, ou Commandans de place, pourront en temps de guerre faire sortir de leurs places les détachemens qu'ils jugeront à propos, pourvû qu'ils n'excèdent pas la moitié de l'Infanterie de leur garnison.

CCCLXXVI.

Subordonnés au Commandant de la place.

ILS conserveront la même autorité sur ces troupes détachées, soit qu'ils les accompagnent, ou qu'ils restent dans la place.

CCCLXXVII.

Permission des Officiers généraux employés.

S'IL y avoit un Commandant général sur la frontière ou même un Officier général employé, les Gouverneurs ou Commandans des places de ladite frontière, ne pourroient en faire sortir des détachemens, ni en sortir avec eux, sans leur permission, hors les cas urgens & particuliers, dont ils seroient tenus de leur rendre compte sur le champ.

CCCLXXVIII.

Commandans des détachemens.

LES Commandans des places pourront choisir pour commander les détachemens de guerre, les Officiers qu'ils jugeront les plus capables, pourvû que par leur grade ils soient en droit de commander les autres Officiers qui seront détachés avec eux.

CCCLXXIX.

Ordre écrit du Commandant de la place.

AUCUN parti ne sortira des places, s'il n'est commandé par un Officier, ou par un Sergent qui soit porteur

d'un

d'un ordre pour aller à la guerre, signé du Général de l'armée, ou du Commandant de la province, ou de celui de la place, & cacheté de leurs armes.

CCCLXXX.

Les Commandans des places ne donneront point de passeports pour des partis, qu'ils ne soient au moins du nombre d'hommes porté dans les cartels qui seront arrêtés entre les Puissances belligérentes. *Force des Partis.*

CCCLXXXI.

Ils ne pourront réclamer les Cavaliers, Dragons ou Soldats de leur garnison qui auront été pris sans passeport, & en nombre moindre qu'il n'aura été convenu par les cartels.

CCCLXXXII.

Ceux des garnisons ennemies, qui seront pris étant dans ce cas, seront mis au Conseil de guerre, & punis comme voleurs.

CCCLXXXIII.

Le Commandant d'un détachement allant à la guerre, aura soin avant de sortir de la place, de prendre plusieurs passeports du Commandant de ladite place, afin que s'il se trouve obligé de diviser son détachement, il en puisse donner un double à celui qui devra commander la troupe qui en sera séparée; & au bas de ce double il marquera le nombre d'hommes dont ce second détachement sera composé.

CCCLXXXIV.

Les effets qui auront été pris par les partis sortis des places, ne pourront être vendus qu'après qu'il en aura été dressé procès verbal, & que la prise aura été jugée bonne; & cette vente ne pourra se faire que dans une place de guerre, & autant qu'il sera possible dans celle dont le détachement sera sorti. *Effets pris par les Partis.*

CCCLXXXV.

Elle se fera à l'encan par le Major de la place où la prise sera amenée, quand même le détachement n'en seroit pas sorti; & ledit Major ne pourra faire d'autre

R

retenue fur le produit de la vente, que celle du fol pour livre.

CCCLXXXVI.

LES chevaux pris fur les Huffards ennemis, feront remis par préférence aux Officiers de Huffards des troupes du Roi, qui en payeront la valeur aux partis qui en auront fait la capture.

SERVICE DE LA GENDARMERIE, CAVALERIE & DRAGONS.

CCCLXXXVII.

Garde de Cavalerie. LA Cavalerie montera chaque jour la garde à cheval, dans les places frontières qui confinent aux pays étrangers.

CCCLXXXVIII.

DANS les places de feconde ligne, la garde fera réglée de manière que chaque Officier & Cavalier la monte régulièrement deux fois par mois, & fi les hommes & les chevaux ne pouvoient avoir dix nuits de repos, on n'en commandera que le nombre néceffaire pour faire tous les jours la découverte.

CCCLXXXIX.

Affemblée. LA troupe de Cavalerie qui devra monter la garde à cheval, fe rendra fur la place, où on affemblera les efcouades une heure avant celle de la garde.

CCCXC.

Infpection. UN Officier-major du régiment en fera l'infpection, l'exercera & la conduira au rendez-vous indiqué pour l'affemblée des poftes de l'Infanterie.

CCCXCI.

Parade. ELLE y arrivera l'épée à la main, l'Officier à la tête, & le Brigadier à la queue; & elle fe mettra en troupe fur deux rangs, à la gauche de l'Infanterie.

Lorfqu'elle fera commandée par un Capitaine, le Trompette marchera devant, & fonnera.

CCCXCII.

SI lorfqu'il faudra défiler, toute la garde fe rompt par

n feul & même mouvement, celle de Cavalerie fuivra
elle de l'Infanterie; finon elle attendra que le Major de
 place lui dife *(Marche)*, & alors elle défilera de même
ue l'Infanterie.

C C C X C I I I.

L'Officier faluera de l'épée, en paffant devant le
Commandant de la place.

C C C X C I V.

On deftinera, autant qu'il fera poffible, un lieu fur la
lace d'armes, pour mettre à couvert les hommes & les
 hevaux de la Cavalerie, & leur fervir de corps-de-garde.

Corps-de-garde.

C C C X C V.

Il y aura pendant le jour devant ce corps-de-garde, une
 edette à cheval, le moufqueton haut, qui fera relevée
 heure en heure.

La nuit, il n'y aura qu'un fentinelle à pied, le moufque-
n fur le bras, qui fera relevé toutes les deux heures.

C C C X C V I.

A l'arrivée de la nouvelle garde, l'ancienne garde fe
 ouvera en troupe fur deux rangs, l'épée à la main, tour-
nt le dos au corps-de-garde, le Trompette à la droite; la
 ouvelle viendra fe former à fa gauche, lorfque l'ancienne
 ra formée par la droite : fi au contraire l'ancienne garde
 oit formée par la gauche, la nouvelle prendroit fa droite.

Garde relevée.

A l'approche de la garde relevante, les deux Trompettes
 nneront la marche, & les Officiers fe falueront de l'épée.

C C C X C V I I.

Lorsque les confignes feront données, les vedettes
 fentinelles relevées, la vieille garde marchera quelques pas
 avant, & fe repliera par fa droite ou par fa gauche, juf-
 à ce qu'elle foit hors de vûe de la nouvelle garde : alors
 e fera halte pour remettre les épées, & l'Officier qui la
 mmandera, la conduira en ordre au quartier.

C C C X C V I I I.

La nouvelle garde remettra les épées après le dé-
 rt de l'ancienne; elle marchera quelques pas en avant,
 is fera face au corps-de-garde, & mettra pied à terre &

les chevaux dans l'écurie, y laissant un Cavalier sans armes & un sentinelle armé d'un mousqueton à la porte du corps-de-garde.

CCCXCIX.

Gardes aux Casernes. S'IL n'y a point sur la place d'armes de corps-de-garde destiné à la Cavalerie, l'ancienne garde partira du quartier pour se rendre à son poste sur la place d'armes, une demi-heure avant qu'on monte la garde; & quand celle qui devra la relever, se présentera, elle lui cédera son poste.

La nouvelle garde restera à cheval une demi-heure après que toutes les escouades d'Infanterie auront défilé; elle retournera ensuite aux casernes, où les chevaux demeureront sellés dans une écurie particulière, & les Cavaliers bottés dans une chambre destinée à cet effet, sans qu'il leur soit permis de s'en écarter.

C D.

ELLE laissera seulement sur la place, une vedette & un Cavalier à pied au corps-de-garde de l'Infanterie, pour recevoir les ordres du Major de la place, & les porter à la garde de Cavalerie; lesquels vedette & Cavalier à pied seront relevés toutes les deux heures.

C D I.

Fermeture des portes. DÈS que la cloche sonnera pour la fermeture des portes, la garde de Cavalerie montera à cheval, & se rendra sur la place, où elle restera jusqu'à ce que les portes soient fermées; & elle retournera ensuite au corps-de-garde de la place d'armes ou des casernes.

Les chevaux demeureront sellés, & les Officiers & Cavaliers de garde seront obligés d'y passer la nuit sans se débotter.

C D I I.

Ouverture des portes. LORSQU'ON battra la Diane, la garde de Cavalerie se rendra pareillement sur la place, & elle y restera jusqu'à ce que l'ouverture des portes soit faite.

C D I I I.

Découverte. SI le Commandant de la place juge à propos d'envoyer battre l'estrade hors des portes avant de les faire ouvrir,

ceux

ceux de la garde de Cavalerie qui seront commandés pour cet effet, se rendront, le mousqueton haut, aux portes qui leur seront indiquées, pour sortir de la place lorsque l'on en fera l'ouverture, & aller à la découverte.

A leur sortie, on fermera la barrière, & quand ils auront rapporté qu'il n'y aura rien à craindre, on les laissera rentrer dans la place.

C D I V.

LES jours de marché, la garde de la Cavalerie montera à cheval, entière ou par détachement, ainsi que le Commandant de la place le jugera à propos, pour être placée où il la croira la plus utile à empêcher le desordre; & elle y demeurera jusqu'à ce que le marché soit fini. *Marchés.*

C D V.

LA garde fournira les patrouilles à cheval qui seront commandées pour la nuit. *Patrouilles à cheval.*

C D V I.

QUAND elle devra sortir avec ses armes, le sentinelle criera *(Cavaliers, aux armes)*, & quand elle devra sortir sans armes *(Cavaliers, hors de la garde)*. *Appel de la garde.*

C D V I I.

LE Brigadier de garde fera l'appel des Cavaliers, toutes les heures, & avertira l'Officier de ceux qui manqueront.

C D V I I I.

LES vedettes seront relevées par le Brigadier à cheval, partant du corps-de-garde l'épée à la main, & les Cavaliers le mousqueton haut, & y retourneront de même. *Vedettes.*

C D I X.

LA nouvelle vedette prendra la gauche de la vieille en la relevant, & le Brigadier se mettra vis-à-vis, pour entendre si la consigne se rend bien.

C D X.

A l'égard des sentinelles, le Brigadier les relevera étant seulement armé de son mousqueton, qu'il tiendra d'une main par le milieu, & les Cavaliers le porteront sur le bras gauche.

C D X I.

LES Commandans des places seront faire, lorsqu'ils le jugeront nécessaire, le service à pied à la Cavalerie, de la même manière qu'à l'Infanterie.

En ce cas, on destinera des postes séparés à la Cavalerie, dont les escouades prendront la gauche de l'Infanterie, dans l'ordre de bataille.

C D X I I.

LES Officiers de Cavalerie qui seront commandés pour la garde à pied, tireront les postes entr'eux, après ceux de l'Infanterie, en présence d'un Officier-major de la place, qui les inscrira sur le registre de la garde.

C D X I I I.

LES postes de la Cavalerie seront partagés en escouades, comme ceux de l'Infanterie; & ces escouades seront commandées par les Brigadiers.

C D X I V.

LES Officiers de Cavalerie étant de garde à pied, seront armés d'un mousqueton.

C D X V.

Ordre.

LES Majors ou Aide-majors de Cavalerie, se trouveront sur la place d'armes, à l'heure que le Major de la place ira donner l'Ordre au cercle de l'Infanterie: les Maréchaux-des-logis s'y trouveront aussi, ou des Brigadiers à leur défaut, avec un Brigadier ou Cavalier par compagnie, armé d'un mousqueton; il y aura aussi un Brigadier de la garde.

C D X V I.

LE Major de la place, en sortant du cercle de l'Infanterie, donnera le Mot & l'ordre auxdits Majors ou Aide-majors de Cavalerie, en suivant l'ancienneté de leurs régimens.

C D X V I I.

LES Officiers-majors de Cavalerie, ayant pris l'Ordre, formeront un cercle pour le rendre à leurs Maréchaux-des-logis.

C D X V I I I.

CE cercle commencera par le plus ancien Major, ou Aide-major en commiſſion de Capitaine, à moins que le Major de la place ne voulût y entrer lui-même : les autres Majors & Aide-majors ſe rangeront à ſa droite, ſuivant l'ancienneté de leurs régimens, & après eux les Maréchaux-des-logis ou Brigadiers en faiſant les fonctions, gardant le même ordre entr'eux, & ceux du même corps ſuivant enſemble le rang de leurs compagnies; & le Brigadier de la garde terminera le cercle.

C D X I X.

A quatre pas de ce cercle, les Brigadiers & Cavaliers en formeront un ſecond, pour l'envelopper, préſentant les armes en dehors.

C D X X.

ALORS, l'Officier-major qui devra donner l'Ordre, expliquera tout ce qui concerne le ſervice, & donnera enſuite le Mot tout bas à l'oreille, par ſa droite; les Maréchaux-des-logis le recevront chapeau bas, & le feront paſſer de l'un à l'autre, juſqu'à ce qu'il revienne à l'ancien Major; après quoi le cercle ſe rompra, & le Brigadier de la garde retournera à ſon poſte.

C D X X I.

CHAQUE Officier-major formera enſuite un cercle particulier pour ſon régiment, comme il eſt expliqué à l'égard de l'Infanterie; & l'Ordre ſe diſtribuera de même aux Officiers ſupérieurs & autres, & dans les chambrées des Cavaliers.

C D X X I I.

TOUS les Trompettes des régimens de Cavalerie de la *Retraite.* garniſon, ſe trouveront ſur la place d'armes à l'heure de la retraite; & en même temps que les Tambours en partiront, ils ſonneront la retraite.

C D X X I I I.

ILS retourneront delà chacun au quartier de leur régiment, où ils la ſonneront une ſeconde fois.

C D X X I V.

UNE heure après la retraite ſonnée, les Maréchaux-des-logis visiteront les chambrées des Cavaliers, & en feront l'appel.

CDXXV.

Patrouilles. LE Commandant de la garde de Cavalerie, fera faire par fa garde, tous les détachemens & patrouilles qui lui feront ordonnés par les Officiers de l'Etat-major de la place, & ces patrouilles fe conformeront à ce qui eft enjoint à celles d'Infanterie.

CDXXVI.

Rondes. LES Officiers, Maréchaux-des-logis, & Brigadiers de Cavalerie, qui feront commandés pour faire la ronde, fe conformeront pareillement à ce qui eft prefcrit à cet égard, aux Officiers, Sergens & Caporaux de l'Infanterie.

CDXXVII.

Gardes des Etendards. CHAQUE régiment de Cavalerie fournira un fentinelle pour la garde de fes étendards, à la porte de la maifon où ils feront dépofés; & il fera commandé pour cet effet, quatre Cavaliers par régiment, avec un Brigadier, qui fe tiendront au corps-de-garde de la place, ou autre pofte le plus voifin de ladite maifon.

Ces Cavaliers feront relevés tous les jours; ils fe rendront directement de leur quartier audit pofte, à l'heure où les gardes s'affembleront, & ne feront point d'autre fervice.

CDXXVIII.

Gendarmerie. LA Gendarmerie étant dans une place de guerre, elle y fera le fervice comme la Cavalerie légère, montera la garde à cheval, & fournira des détachemens pour les efcortes, pour aller à la guerre, pour faire la découverte, & pour les patrouilles.

CDXXIX.

ELLE fera auffi le fervice à pied, quand le bien du fervice & la fûreté de la place l'exigeront, de même qu'il eft prefcrit à la Cavalerie légère, il y aura néanmoins cette différence, que les Gendarmes, foit à pied, foit à cheval, ne monteront point la parade fur la place avec la garde de la garnifon; mais qu'ils s'affembleront à leurs

quartiers,

quartiers, d'où ils défileront aux postes fixes qui leur seront destinés, sans être sujets à d'autre inspection que celle des Officiers-majors du corps, & sans que leurs escouades puissent être mêlées avec celles des autres troupes, ni que leurs détachemens escadronnent avec les autres.

C D X X X.

Que le Major, ou l'Aide-Major de la Gendarmerie, prendra directement le Mot du Commandant de la place; recevant au surplus l'Ordre & le détail du service, du Major de ladite place, pour le rendre au cercle particulier de ce corps, qui sera formé par les Brigadiers & Sous-brigadiers des compagnies, & non par les Maréchaux-des-logis.

C D X X X I.

Que la Gendarmerie ne fournira des sentinelles qu'aux prisons, aux magasins, aux arsenaux & au trésor; les Commandans des places n'en pouvant point exiger d'honoraires de ce corps.

C D X X X I I.

Et que les Gendarmes n'assisteront point aux exécutions, ni en corps, ni par détachement.

C D X X X I I I.

Entend Sa Majesté, que sous prétexte de ces distinctions, ou tel autre que ce soit, les Gendarmes ne puissent se dispenser de reconnoître les Officiers, soit d'Infanterie, de Cavalerie légère ou de Dragons, des autres troupes de la garnison, & de leur obéir & entendre en tout ce qui leur sera ordonné pour le service de Sa Majesté.

C D X X X I V.

Les Dragons se conformeront pour le service qu'ils *Dragons.* auront à faire dans les places, si c'est à cheval, à ce qui est ordonné pour la Cavalerie, & si c'est à pied, à ce qui est ordonné pour l'Infanterie.

C D X X X V.

Les Commandans des places régleront l'un & l'autre service que les Dragons auront à faire, suivant le nombre des compagnies de ce corps, tant à pied qu'à cheval, qui feront dans leur place, & par proportion aux autres troupes, foit d'Infanterie ou de Cavalerie de la garnifon.

CDXXXVI.

Si les circonftances exigent qu'ils faffent faire le fervice à pied, aux compagnies qui feront montées, ils en diminueront d'autant celui qu'ils leur auroient fait faire à cheval.

CDXXXVII.

Les efcouades des Dragons qui feront le fervice à pied, fe placeront à la gauche de l'Infanterie avec leurs Officiers, fans être mêlées avec l'Infanterie ; & il leur fera donné des poftes féparés, qu'ils tireront entr'eux.

CDXXXVIII.

Les Dragons à cheval prendront pareillement la gauche des Cavaliers avec lefquels ils feront commandés.

CDXXXIX.

Les Maréchaux-des-logis des compagnies de Dragons, foit à pied, foit à cheval, feront un cercle à part, où le Major du régiment donnera l'Ordre, après l'avoir pris de celui de la place ; à moins que celui-ci ne veuille l'y donner lui-même.

CDXL.

Les Dragons qui feront le fervice à pied, porteront le fufil fur l'épaule ; & leurs Officiers, Maréchaux-des-logis & Brigadiers, le porteront fur le bras gauche.

Les Dragons qui ferviront à cheval, le porteront haut dans tous les cas où les Cavaliers devront mettre l'épée à la main.

CDXLI.

Les Tambours des Dragons battront la garde & la retraite, marchant quarante pas derrière ceux de l'Infanterie, & lorfqu'ils feront à cheval, ils battront dans les mêmes occafions où les Trompettes doivent fonner.

DES TROUPES DE PASSAGE.

CDXLII.

Entrée dans les places.

Les troupes de paffage qui logeront & qui féjourneront

dans les places, obſerveront à l'égard de leur entrée, les mêmes règles établies pour celles qui doivent y tenir garniſon; à l'exception que les Officiers d'Infanterie des troupes de paſſage, pourront demeurer à cheval à la tête de leurs compagnies, & qu'elles ne ſeront point conduites par le Major de la place, mais par leurs Officiers qui les mèneront ſur la place d'armes, d'où elles iront aux quartiers qui leur ſeront deſtinés.

CDXLIII.

ELLES ne contribueront à la garde de la place, que dans les cas de néceſſité; elles établiront ſeulement des gardes à leur quartier, pour la police & le bon ordre. *Garde.*

CDXLIV.

LES Majors, Sergens & Maréchaux-des-logis des troupes qui ſeront logées dans les places pendant leur route, ſeront obligés de ſe trouver à l'Ordre comme s'ils étoient en garniſon. *Ordre.*

CDXLV.

LE Commandant de la place leur indiquera le lieu où elles devront ſe poſter en cas d'alarme, & l'heure de leur départ : pour cet effet, un Officier-major ira le ſoir à l'Ordre chez ledit Commandant. *Rendez-vous, & heure du départ.*

CDXLVI.

LEURS Tambours & Trompettes battront & ſonneront la retraite avec les autres. *Retraite.*

CDXLVII.

L'ARRIÈRE-GARDE ne ſortira de la place, qu'une heure après le régiment; & elle viſitera auparavant les logemens & les cabarets, pour voir à ce qu'il ne reſte derrière aucun Soldat. *Arrière-garde.*

CDXLVIII.

SI après le départ de l'arrière-garde, il ſe trouve encore dans la place quelque Soldat, Cavalier ou Dragon du régiment qui y aura paſſé, les Officiers-majors de la place les feront arrêter & remettre à la Maréchauſſée qui devra ſuivre le régiment dans ſa route, pour les y conduire. *Traîneurs.*

DES MILICES BOURGEOISES.

C D X L I X.

Leur assemblée. LES Milices bourgeoises ne pourront s'assembler dans les villes, qu'après en avoir obtenu la permission du Commandant de la place.

C D L.

Subordination. DÈS qu'elles seront sous les armes, & employées au service de la place, elles reconnoîtront l'autorité dudit Commandant & des autres Officiers de l'Etat-major; & elles seront sujettes à la Justice militaire, dans tous les cas & pour tous les délits militaires que les Officiers & Soldats desdites Milices pourront commettre étant en faction, de garde, de détachement, de ronde, de patrouille, & en général dans l'exécution de tous les ordres émanés du Commandant.

C D L I.

DANS tous les autres cas, lesdits Officiers & Soldats de Milice bourgeoise, même étant de garde, seront justiciables des Juges royaux.

C D L I I.

Contribution à la garde. LES Commandans des places dont la garde sera confiée auxdites Milices, au défaut d'autres troupes, demanderont à ceux qui commandent lesdites Milices, le nombre d'Officiers & de Fusiliers dont ils auront besoin : mais ils ne pourront s'ingérer dans le détail des habitans qui devront marcher, ni des exemptions prétendues; toutes les difficultés qui s'éleveront à cet égard, devant être portées à la décision de l'Intendant de la province.

DES ASSEMBLE'ES DES TROUPES.

C D L I I I.

Générale imprévûe. LORSQUE l'on battra la Générale à l'improviste dans une place, toute la garnison prendra les armes, & la Cavalerie sonnera sur le champ le boute-selle.

CDLIV.

CDLIV.

S'IL est ordonné que toute l'Infanterie prenne les armes, les Tambours battront d'abord la Générale; & s'il n'y a qu'une partie de l'Infanterie qui doive les prendre, on battra le Premier.

Batterie des Tambours.

CDLV.

TOUTE l'Infanterie prenant les armes, si c'est pour border le rempart, le premier régiment appuiera sa droite au lieu désigné pour placer la tête des troupes; le second régiment marchant à colonne renversée, y appuiera sa gauche; les autres régimens rempliront alternativement par droite & par gauche, l'intervalle qui sera entre les deux premiers.

Border le rempart.

CDLVI.

S'IL s'agit de border les rues, le premier régiment prendra la droite; le second prendra la gauche; les autres régimens se formeront ensuite alternativement à droite & à gauche, autant que le permettra le nombre des bataillons dont chaque régiment sera composé, & de manière qu'il y en ait, s'il est possible, autant d'un côté que de l'autre.

Border les rues.

CDLVII.

ON regardera comme la droite, & le poste d'honneur, le côté qui sera à droite en sortant du logis de celui pour qui on aura pris les armes; s'il ne loge point dans la place, & qu'il ne fasse que la traverser, le poste d'honneur sera la droite de la porte par laquelle il entrera.

Poste d'honneur.

CDLVIII.

LORSQUE l'on bordera la haie pour les processions, le poste d'honneur sera à la droite de la porte de l'église par laquelle la procession sortira.

Processions.

CDLIX.

LORSQU'UN régiment ou bataillon étranger étant dans une place, se trouvera le plus ancien de ceux de la garnison, le plus ancien des régimens, ou bataillon françois de cette garnison, prendra le rang sur l'étranger, quoique moins ancien que lui.

Régimens étrangers.

CDLX.

EN cas d'alarme, ou de Générale battue à l'improviste,

Alarme.

V

les troupes se rendront sans perte de temps chacune au lieu convenu, les Soldats portant avec eux leurs armes & bagages; & ce lieu leur sera indiqué dès le premier jour de leur arrivée, afin qu'ils puissent le reconnoître d'avance, ainsi que les chemins qui y conduiront.

C D L X I.

Incendie. DÈs que la garde de la place sera informée que le feu aura pris en quelque endroit, elle y enverra aussi-tôt un détachement pour empêcher le désordre : lequel détachement retournera à son poste, lorsqu'il y sera arrivé des détachemens de la garnison.

C D L X I I.

Revûe. LES Commissaires des guerres ne pourront faire leurs revûes, qu'après en avoir demandé la permission au Commandant de la place, qui ne pourra la leur refuser sans des raisons dont il informera sur le champ le Secrétaire d'Etat ayant le département de la guerre.

C D L X I I I.

LE Commandant & le Major de la place devant être avertis par le Commissaire des guerres, de l'heure de la revûe, ils y seront présens, & en signeront les extraits; se conformant pour le surplus, à ce qui est ou sera preserit dans la suite par les ordonnances particulières concernant lesdites revûes.

C D L X I V.

Exercice. LES Commandans des places assisteront, autant qu'ils le pourront, aux exercices des troupes de leur garnison.

Ils auront attention à ce que les munitions ordonnées à cet effet, leur soient distribuées, & qu'elles soient consommées suivant les intentions de Sa Majesté.

Ils informeront régulièrement le Secrétaire d'Etat ayant le département de la guerre, des jours que les régimens auront pris les armes, & du progrès qu'ils auront remarqué dans leurs manœuvres.

C D L X V.

VEUT pareillement Sa Majesté, que si aucune troupe s'écartoit, en quelque chose que ce soit, de l'exercice qu'Elle leur a preserit de suivre, lesdits Commandans l'en

nstruisent aussi-tôt; faute de quoi ils seront garans &
responsables de l'inexécution de ses ordres.

C D L X V I.

Lorsqu'il sera nécessaire d'exploiter & remuer des
pièces d'artillerie & munitions de guerre dans une place,
on commandera le nombre de Soldats nécessaire à cet
effet, sur la réquisition du Commandant de l'Artillerie; ces
Soldats de corvées seront commandés par des Sergens,
qui leur feront exécuter tout ce que le Commandant de
l'Artillerie ordonnera.

*Corvées pour
l'Artillerie.*

C D L X V I I.

Les distributions de pain, fourrages, étapes & autres, se
feront toûjours en présence d'un Officier-major du corps,
qui sera responsable du desordre qui pourroit y arriver de
la part de ceux à qui la distribution sera faite; & sera tenu
d'avertir le Commandant du corps, s'il lui paroît qu'il y ait
fraude de la part des Entrepreneurs ou autres fournisseurs.

Distributions.

C D L X V I I I.

Les Soldats, Cavaliers & Dragons qui devront aller à
ces distributions, seront assemblés par leurs Sergens ou
Maréchaux-des-logis, qui les y conduiront en bon ordre
& tous ensemble.

DES HONNEURS MILITAIRES.
qui seront rendus dans les places.

C D L X I X.

Lorsque le Saint Sacrement passera à la vûe d'une
garde ou d'un autre poste, les Officiers & Soldats du poste
prendront les armes, & mettront un genou en terre, les
Soldats présentant les armes, la bayonnette au bout du fusil,
& ayant leur chapeau sur la garde de l'épée; & les Tambours battront aux champs.

Saint Sacrement.

C D L X X.

Si le Saint Sacrement passe devant une troupe d'Infanterie placée sous les armes, elle se mettra de même un genou en terre, la bayonnette au bout du fusil, les drapeaux

salueront; les Officiers salueront aussi de l'Esponton, & s'agenouilleront aussi-tôt après le salut.

C D L X X I.

Si la troupe étoit en marche, elle sera halte, & se mettra en bataille pour rendre les mêmes honneurs.

C D L X X I I.

Le Saint Sacrement passant devant une troupe de Cavalerie, si elle est à cheval, les Officiers & Cavaliers auront le chapeau sous le bras gauche, & l'épée à la main; les Cornettes tiendront leur Etendard dont ils salueront, ainsi que les Officiers de l'épée; les Timbales battront, & les Trompettes sonneront la marche: si la troupe est à pied, elle mettra le genou en terre, présentant le mousqueton, & le chapeau sur la garde de l'épée.

C D L X X I I I.

Aux processions du Saint Sacrement, l'Infanterie bordera la haie dans les rues où elles devront passer; la Cavalerie sera en bataille sur les places les plus commodes; & les Grenadiers marcheront sur deux files des deux côtés du Dais, la bayonnette au bout du fusil.

C D L X X I V.

Le Roi. Lorsque Sa Majesté devra entrer dans une place toute la garnison prendra les armes; la Cavalerie ira au devant d'Elle jusqu'au lieu qui lui sera indiqué par le Commandant de la place.

L'Infanterie formera une double haie, & présentera les armes, ayant la bayonnette au bout du fusil.

Les Drapeaux & Etendards, & les Officiers salueront les Tambours & Timbales battront, & les Trompettes sonneront la marche.

C D L X X V.

Le Gouverneur & les autres Officiers de l'Etat-major se trouveront sur le glacis, en dehors de la première barrière pour présenter les clefs.

C D L X X V I.

Il sera fait trois salves de toute l'artillerie de la place lorsque Sa Majesté aura passé les ponts.

CDLXXVII.

C D L X X V I I.

Sɪ Sa Majeſté s'arrête dans la place, & que les troupes deſtinées à ſa garde particulière ne ſoient pas près de ſa perſonne, il en ſera fourni une par le plus ancien des régimens françois de la garniſon, compoſée d'un bataillon commandé par le Colonel, avec le drapeau blanc, laquelle garde ne pourra être relevée par aucun autre régiment que celui qui l'aura fournie.

C D L X X V I I I.

Iʟ ſera mis pareillement dans le même cas, devant le logis de Sa Majeſté, un eſcadron de garde du plus ancien régiment de Cavalerie de la garniſon, commandé par le Meſtre-de-camp; lequel eſcadron fournira deux vedettes l'épée à la main devant la porte, & ſera relevé ſucceſſivement par les premiers eſcadrons des autres régimens de la garniſon.

C D L X X I X.

Loʀsqᴜᴇ Sa Majeſté ſortira de la place, l'Infanterie bordera pareillement la haie, juſqu'à la porte par laquelle Elle devra ſortir; la Cavalerie ſe trouvera ſur ſon paſſage hors de la place; & dès que Sa Majeſté en ſera ſortie, on la ſaluera par trois décharges de toute l'artillerie.

C D L X X X.

Qᴜᴀɴᴅ les Princes du Sang, ou les Princes légitimés *Princes du Sang.* de France, paſſeront par une place ou s'y arrêteront, l'Infanterie de la garniſon ſera pareillement en haie, préſentant les armes; la Cavalerie ira au devant d'eux; les troupes les ſalueront; l'Etat-major les recevra à la barrière: on fera une décharge générale de l'artillerie de la place; & leur garde ſera de cinquante hommes commandés par un Capitaine, avec les Officiers ſubalternes à proportion, & un drapeau de couleur.

C D L X X X I.

Lᴇs Maréchaux de France ſeront reçûs l'Infanterie *Maréchaux* étant en haie & préſentant les armes; la Cavalerie ira *de France.* au devant d'eux; ils ſeront ſalués par les troupes; l'Etat-major ſe trouvera à la barrière de la ville; on tirera pour eux douze volées de canon : & à leur arrivée, ils trouveront devant leur logis, une garde de cinquante hommes avec un drapeau de couleur, commandée par un Capitaine, & les Officiers subalternes à proportion.

C D L X X X I I.

Gouverneurs & Lieutenans généraux des provinces.

LES Gouverneurs & Lieutenans généraux de province, lorsqu'ils voudront faire leur entrée d'honneur dans les places, citadelles & châteaux de leur département (ce qu'ils ne pourront faire qu'une fois seulement, ou à chaque mutation de Gouverneur particulier en icelle), en donneront avis au Gouverneur ou Commandant de la place, pour qu'il se dispose à les recevoir.

C D L X X X I I I.

ILS entreront dans la place, en voiture ou à cheval, à leur option, précédés de leurs gardes portant la carabine & la casaque de livrée, & accompagnés de leurs Gentils-hommes & autres de leur suite.

C D L X X X I V.

LE Gouverneur ou Commandant de la place, se trouvera à la barrière pour les recevoir, & les accompagnera par-tout jusqu'à leur sortie de la place.

C D L X X X V.

LA garnison sera en haie, portant les armes, les Officiers salueront, & les Tambours appelleront.

On tirera cinq volées de gros canon.

Il sera donné une garde de trente hommes commandés par un Lieutenant, dont le Tambour appellera.

C D L X X X V I.

LE Commandant de la place prendra l'Ordre d'eux, le jour de leur arrivée & celui de leur départ; & ils le donneront au Major les autres jours.

C D L X X X V I I.

LES gardes des portes & autres, se mettront en haie ou en bataille sur leur passage; & à leur sortie, on tirera pareillement cinq volées de gros canon.

C D L X X X V I I I.

SI les Gouverneurs & Lieutenans généraux, ayant fai

leur entrée d'honneur, retournent dans les places après
un an & un jour d'absence, les Gouverneurs & Commandans des places, les iront recevoir à l'entrée d'icelles ;
& il en sera usé pour leur garde & pour le Mot, comme
il vient d'être expliqué ; mais les troupes ne prendront
point les armes.

C D L X X X I X.

QUAND lesdits Gouverneurs ou Lieutenans généraux
des provinces, se trouveront Maréchaux de France ou
Lieutenans généraux des armées, ils recevront les honneurs qui leur seront dûs dans lesdites qualités.

C D X C.

S'ILS ont l'agrément du Roi pour commander dans
leur province, quand même ils ne seroient point Officiers
généraux, ils seront salués par les troupes, de même que
les Lieutenans généraux des armées, commandant dans
les provinces.

C D X C I.

LES Lieutenans généraux des armées, commandant en
chef dans une province, seront salués de cinq volées de
canon, lors de leur première entrée dans les places.

Lieutenans généraux des armées.

C D X C I I.

ON enverra à leur logis après leur arrivée, une garde
de cinquante hommes sans drapeau, commandés par un
Capitaine, dont le Tambour appellera.

C D X C I I I.

LES troupes ne les salueront que la première fois qu'ils
les verront après leur arrivée dans leur commandement,
& la dernière avant leur départ.

C D X C I V.

CEUX desdits Lieutenans généraux des armées, qui
commanderont sous d'autres chefs, ou qui seront seulement employés par lettres de service, n'auront qu'une
garde de trente hommes commandés par un Lieutenant,
dont le Tambour appellera.

C D X C V.

LES gardes des places prendront les armes pour les

Lieutenans généraux des armées qui commanderont dans les provinces, ou y feront employés par lettres de service; & les Tambours desdites gardes appelleront pour eux.

C D X C V I.

Maréchaux-de-camp.

LES Maréchaux-de-camp commandant en chef dans les provinces, auront trente hommes & un Officier de garde, avec un Tambour qui appellera.

C D X C V I I.

SI lesdits Maréchaux-de-camp commandent en second, ou s'ils ont seulement des lettres de service, ils n'auront que quinze hommes de garde, commandés par un Sergent; & le Tambour qui les conduira à leur logis, n'y restera point.

C D X C V I I I.

LES gardes des places prendront les armes pour lesdits Maréchaux-de-camp Commandant ou Employés; mais le Tambour prêt à battre, ne battra point

C D X C I X.

Brigadier.

LE Brigadier commandant dans une province, aura un Caporal & dix hommes, sans Tambour; & s'il n'est employé que par lettres de service, il aura seulement un sentinelle à la porte de son logis.

D.

LES gardes des places se mettront en haie pour les Brigadiers qui commanderont ; mais elles ne sortiront point pour les autres.

D I.

Inspecteurs.

LES Directeurs & Inspecteurs généraux des troupes, qui seront Officiers généraux des armées, ou Brigadiers, recevront les mêmes honneurs dans les places, que s'ils y étoient employés par lettres de service dans lesdites qualités.

D I I.

Gouverneurs & Commandans des places.

LES Gouverneurs particuliers, Lieutenans de Roi & Commandans des places, ne pourront exiger qu'un sentinelle, quand même ils seroient Officiers généraux, à moins qu'ils n'eussent des lettres de service.

DIII.

D I I I.

Les Officiers & Soldats des postes vis-à-vis desquels ils passeront, sortiront des corps-de-garde pour se mettre en haie, sans prendre les armes.

D I V.

Au défaut d'Infanterie, la Cavalerie fournira un Cavalier à pied au logis du Commandant de la place.

D V.

S'il se trouve en même temps dans une place, plu- *Gardes d'honneur.* sieurs Princes du Sang & Maréchaux de France, leurs gardes prendront respectivement les armes lorsqu'ils se visiteront, & les Tambours battront aux champs.

Les autres gardes ne prendront les armes que pour les Princes du Sang & les Maréchaux de France, & pour celui qu'elles garderont.

D V I.

Les gardes d'honneur seront fournies par le plus ancien régiment françois de la garnison; & lorsqu'il y en aura plusieurs à fournir, la première sera fournie par le premier régiment, la seconde par le plus ancien après le premier; & ainsi des autres successivement.

D V I I.

Dans les cas d'assemblée d'armées, où les garnisons ne seroient pas assez nombreuses pour fournir des gardes aux Officiers généraux employés qui se trouveront dans les places, on mettra seulement des sentinelles à la porte de leur logis.

D V I I I.

Les gardes des Princes du Sang & Maréchaux de France, seront posées devant leur logis avant leur arrivée; celles des Lieutenans généraux & autres Officiers inférieurs, n'y seront envoyées qu'après.

D I X.

Les troupes qui passeront dans les places, ou qui n'y séjourneront qu'un ou deux jours, ne seront point tenues d'y fournir des gardes d'honneur.

Y

D X.

LES Tambours battront toûjours aux champs, & les Trompettes sonneront la marche, pour ceux qui auront une garde avec un drapeau.

D X I.

DÉFEND Sa Majesté à tout Officier d'exiger qu'on lui rende des honneurs autres que ceux qui sont attribués à son grade, ni d'en rendre à qui que ce soit au delà de ce qui est prescrit ci-dessus, à moins d'un ordre exprès de Sa Majesté ; & en cas que quelqu'un exigeât d'autres honneurs que ceux qui seront ordonnés, les Majors des places & ceux des régimens, seront tenus d'en rendre compte au Secrétaire d'Etat ayant le département de la guerre.

DES HONNEURS FUNEBRES.

D X I I.

LORSQU'UN Maréchal de France mourra dans une place, on tirera un coup de canon de demi-heure en demi-heure, depuis sa mort jusqu'au départ de son convoi.

La garnison prendra les armes, & la Cavalerie montera à cheval ; & le tout marchera à la tête du convoi.

Quand le corps sera mis en terre, ou déposé, on tirera trois décharges de douze pièces de canon chacune, & autant de salves de la mousqueterie des troupes.

D X I I I.

POUR le convoi d'un Gouverneur ou Lieutenant général de province, ou pour celui d'un Lieutenant général de armées, commandant dans une province, toute la garnison marchera pareillement, & il sera tiré trois décharges de cinq pièces de canon.

D X I V.

POUR le convoi d'un Maréchal-de-camp commandant dans une province, on rendra les mêmes honneurs qu'à celui d'un Lieutenant général, à la réserve qu'il ne sera point tiré de canon.

D X V.

ON fera marcher deux piquets de chacun des régimens *Officiers géné-* de la garnifon, au convoi des Lieutenans généraux & *raux employés.* Maréchaux-de-camp employés dans les places par lettres de fervice.

D X V I.

AU convoi d'un Brigadier employé, on fera marcher *Brigadiers.* un piquet de chacune des troupes de la garnifon du même corps dans lequel fervoit le défunt; & s'il eft Colonel ou Meftre-de-camp, fon régiment marchera en entier, indépendamment defdits piquets.

D X V I I.

POUR un Colonel ou Meftre-de-camp en pied, étant *Colonels, Meftres-* dans la place avec fon régiment, ledit régiment marchera *de-camp & Lieu-* en corps au convoi. *tenans-colonels.*

D X V I I I.

POUR les Colonels en pied qui ne feront point avec leur corps, ou ceux qui n'auront que des réformes ou commiffions, on commandera deux cens hommes de la garnifon fans drapeau.

D X I X.

POUR un Lieutenant-colonel d'Infanterie en pied, il y aura la moitié du régiment par détachement, avec un drapeau.

D X X.

POUR un Lieutenant-colonel d'Infanterie dont le régiment ne fera pas préfent, ou qui fera réformé, ou par commiffion, on commandera cent cinquante hommes de la garnifon, fans drapeau.

D X X I.

POUR les Meftres-de-camp & Lieutenans-colonels de Cavalerie & de Dragons, il fera commandé le même nombre d'hommes de leur corps, qui eft expliqué dans les trois articles ci-deffus pour les Colonels & Lieutenans-colonels d'Infanterie.

D X X I I.

POUR un Commandant de bataillon, on détachera *Commandant* *de bataillon.*

cent cinquante hommes de son bataillon, sans drapeau.

D X X I I I.

Capitaines, Majors, & autres Officiers inférieurs.

POUR un Capitaine ou Major, cinquante hommes ; pour un Lieutenant, Enseigne ou Cornette, trente hommes ; & pour un Maréchal-des-logis ou un Sergent, quinze hommes ; le tout du régiment dont sera le défunt.

D X X I V.

Gouverneurs.

POUR le Gouverneur de la place, toute la garnison prendra les armes, & marchera à son convoi avec les drapeaux.

D X X V.

Lieutenans de Roi & Commandans.

POUR le Lieutenant de Roi ou autre Commandant particulier, la moitié de la garnison prendra les armes sans drapeau.

D X X V I.

Majors.

POUR le Major de la place, lorsqu'il ne commandera pas, il y aura cent hommes, cinquante hommes pour l'Aide-major, & trente hommes pour le Capitaine des portes.

D X X V I I.

Commissaires des guerres.

POUR un Commissaire des guerres, cinquante hommes.

D X X V I I I.

Officiers commandés.

TOUS les détachemens qui marcheront pour rendre les honneurs funèbres, seront commandés par des Officiers de même grade que celui pour lequel ils seront rendus, ou à leur défaut, par ceux du grade inférieur.

D X X I X.

IL en sera de même des Officiers qui devront porter les quatre coins du poêle.

D X X X.

Monter à cheval.

LA Cavalerie & les Dragons ne monteront à cheval que pour les Officiers généraux.

D X X X I.

Armes traînantes.

LES Soldats & les Cavaliers, & Dragons à pied, porteront les armes traînantes.

D X X X I I.

Mousqueterie.

TOUS ceux qui seront commandés feront trois décharges

de leurs armes, après l'enterrement, la dernière en défilant devant la porte de l'église.

D X X X I I I.

IL sera mis des crêpes aux drapeaux & étendards qui marcheront aux convois; les tambours & timbales seront couverts de serge noire, & il sera mis des sourdines & des crêpes aux trompettes.

Crêpes

D X X X I V.

LES crêpes resteront aux drapeaux & étendards à la mort du Colonel, jusqu'à ce qu'il ait été remplacé.

DES CITADELLES, FORTS ET CHASTEAUX.

D X X X V.

LES Gouverneurs ou Commandans des citadelles, forts & châteaux, quand même ils commanderoient aussi dans les villes & places auxquelles lesdites citadelles, forts & châteaux sont attachés, ne pourront en tirer la garnison ou partie d'icelle, sans un ordre exprès de Sa Majesté, hors le seul cas de nécessité urgente pour la sûreté & conservation desdites villes & places; auquel cas Elle leur permet de faire ou laisser sortir le tiers de leur garnison, & non davantage, sur les ordres ou réquisitions par écrit qu'ils en recevront des Généraux d'armée, du Commandant de la province, ou de celui de la place.

N'en sortira plus du tiers de la garnison.

D X X X V I.

NE pourront pareillement lesdits Gouverneurs & Commandans des citadelles, forts & châteaux, y laisser entrer aucunes troupes, que celles qui y seront envoyées par l'ordre exprès de Sa Majesté, à moins qu'elle n'en eût donné le pouvoir spécial au Commandant de la province.

Entrée des troupes.

D X X X V I I.

LES Commandans dans les villes ne pourront prétendre aucun commandement dans les citadelles, forts & châteaux qui en dépendent, s'ils n'en sont en même temps Gouverneurs.

Commandans non sujets à ceux des villes.

DXXXVIII.

SERONT néanmoins obligés les Commandans des citadelles, forts & châteaux, & réduits, d'envoyer tous les jours un Officier-major, ou à son défaut un Sergent, prendre le Mot de celui, quel qu'il soit, & de quelque grade qu'il se trouve, qui commandera dans la ville.

Mais il pourra le changer immédiatement après que les portes de communication desdites citadelles, forts, châteaux & réduits, avec la ville, auront été fermées, quand même le Gouverneur seroit présent à la ville, pourvû toutefois que lesdites citadelles, forts, châteaux & réduits, soient séparés du lieu où sera le Gouverneur, par un fossé ou pont-levis.

DXXXIX.

LES Commandans des citadelles, forts, châteaux & réduits, ne souffriront point qu'aucun étranger y réside, sans la permission du Roi ou du Commandant de la province.

DXL.

ILS n'y laisseront entrer aucuns balots, coffres ni caisses fermées, à qui que ce soit qu'ils appartiennent, sans les avoir fait ouvrir & visiter.

DXLI.

ILS ne feront jamais ouvrir les portes de secours, qu'en leur présence, & dans des cas pressans, dont ils rendront compte au Commandant de la province.

DXLII.

A l'égard des portes de communication avec les villes, elles seront fermées au soleil couchant, & ne seront ouvertes le matin qu'après le soleil levé.

DXLIII.

VEUT Sa Majesté qu'il reste toûjours dans les citadelles, forts & châteaux, un tiers des Officiers de la garnison qui ne seront point de garde; que pour s'accommoder sur cela entr'eux, ils se trouvent un jour de la semaine chez le Commandant de la place, & même tous les jours s'il le juge à propos; qu'il soit fait en sa présence un état de ceux qui devront y demeurer chaque jour, quoiqu'ils ne soient pas de garde, lequel état restera entre les mains dudit Commandant; & que si quelqu'un desdits Officiers contrevient à ce dont il aura été convenu, il soit mis en prison pour quinze jours la première fois, & qu'en cas de récidive, il demeure en prison jusqu'à nouvel ordre, & qu'il en soit rendu compte à Sa Majesté.

D X L I V.

ON ne pourra recevoir, ni retenir en prison dans une citadelle, fort ou château, aucun Officier d'une autre garnison, ni particulier quel qu'il soit, sans un ordre exprès de Sa Majesté, ou du Commandant de la province, lequel ne donnera lesdits ordres que dans des cas urgens; dont il informera sur le champ le Secrétaire d'Etat ayant le département de la guerre, qui adressera aux Commandans desdites citadelles, forts & châteaux, ceux que Sa Majesté jugera à propos de donner.

Prisonniers.

D X L V.

LE service se fera d'ailleurs dans les citadelles, forts & châteaux, comme il est prescrit pour toutes les places de guerre.

Même service que dans les places.

DE LA DISCIPLINE DES TROUPES
dans les places.

D X L V I.

LES Gouverneurs des places sujets à résidence, & les Commandans des villes, citadelles, forts ou châteaux, ne pourront s'en absenter pour plus de quatre jours, sans un congé signé de Sa Majesté, & contre-signé du Secrétaire d'Etat ayant le département de la guerre; ils ne pourront même en sortir pour un jour, en quelque cas que ce puisse être, si le Lieutenant de Roi ou le Major n'y est présent, & en état de commander en leur absence.

Absence des Gouverneurs & Commandans.

D X L V I I.

LES autres Officiers des Etat-majors des places, seront sujets aux mêmes règles pour faire autoriser leur absence;

Des Officiers-majors.

& feront de plus obligés de demander la permiffion du
Gouverneur ou Commandant de la place.

D X L V I I I.

LES Ingénieurs, Officiers d'artillerie, & Commiffaire
des guerres, dont les fonctions s'étendent hors de la place
de leur réfidence ordinaire, demanderont la permiffion
de s'abfenter, à celui qui y commandera, lequel ne pourr
ni les obliger de s'expliquer fur les motifs de leur ab
fence, ni leur rien prefcrire fur le temps de leur retou

D X L I X.

NUL Officier de la garnifon ne pourra s'en abfenter
ne fût-ce que pour une nuit, fans la permiffion du Com
mandant de la place & de celui du corps, quand bien
même il feroit de femeftre, ou auroit obtenu un congé

D L.

LES Commandans des provinces pourront, fur l
réquifition des Commandans des corps, accorder des per
miffions de s'abfenter aux Capitaines & autres Officier
qui feront en garnifon dans les places de leur comman
dement, mais feulement pour quinze jours, & à un Ca
pitaine & à un Lieutenant feulement à la fois de chaqu
bataillon, ou de chaque régiment de Cavalerie ou de Dra
gons, ayant attention qu'ils ne foient pas de la mêm
compagnie.

D L I.

LES Commandans des places pourront accorder le
mêmes permiffions pour huit jours, dans les provinces o
il n'y aura point de Commandant général, & pour deu
jours feulement dans celles où il y en aura.

D L I I.

LES permiffions de s'abfenter qui auront été ain
accordées aux Officiers, foit par les Commandans de
provinces, ou par ceux des places, ne pourront auto
rifer ceux qui les auront obtenues, à fortir de l'étendu
de la province où ils feront en garnifon.

D L I I I.

LES Officiers qui auront été abfens, iront à leur retou
rendr

Des Ingénieurs,
Officiers d'Ar-
tillerie, & Com-
miffaires des
guerres.

Des Officiers de
la garnifon.

rendre compte de leur arrivée au Commandant de la place; lequel fera mettre en prison ceux qui n'auront pas rejoint exactement leur troupe à l'expiration des congés, femestres & permissions qu'ils auront eues, & les y tiendront autant de jours qu'ils en auront manqué à se rendre à leur devoir.

D L I V.

Si ce terme excède celui de quinze jours, ils en rendront compte au Secrétaire d'Etat ayant le département de la guerre, & au Commandant de la province.

D L V.

Les Majors des corps, à leur arrivée dans les places, remettront au Commandant un contrôle qui comprendra le nom & le grade de chaque Officier, en marquant ceux qui feront absens par congé, femestre, simple permission ou autrement, & le temps auquel ils auroient dû ou devront rejoindre, ainsi que leur adresse.

Contrôle des Officiers, remis au Commandant.

D L V I.

Les Commandans des places enverront un double de cet état à celui de la province, & l'informeront du retour des absens, & du départ de ceux qui s'absenteront.

D L V I I.

Les Commandans des troupes ne pourront permettre aux Gendarmes, Cavaliers, Dragons & Soldats, étant sous leurs ordres, de découcher de la place où ils tiendront garnison, sans en avoir informé le Commandant de la place.

Absence des Soldats, Cavaliers & Dragons.

D L V I I I.

Les congés limités qui feront donnés aux Cavaliers, Soldats & Dragons en garnison dans les places, feront nuls, si, outre la signature de l'Officier commandant la compagnie dont ils feront, du Commandant, & de l'Officier chargé du détail du régiment, ils ne font encore visés par le Gouverneur ou Commandant de la place où ils auront été expédiés.

D L I X.

Les Commandans des places auront attention que les *Uniformes.*

Officiers de leur garnison portent toûjours les Uniformes de leur corps; & si aucun s'en dispense, ils les feront mettre aux arrêts, & en informeront le Secrétaire d'Etat ayant le département de la guerre.

D L X.

LES Soldats, Cavaliers ou Dragons qui quitteront leur habit uniforme, pour porter des habits bourgeois, seront mis en prison pour quinze jours.

D L X I.

POURRONT néanmoins les Commandans des places, permettre que les Soldats de recrue qui n'auront pû être habillés aussi-tôt après leur arrivée, fassent le service tels qu'ils se trouveront, poursû qu'ils soient à l'abri de la rigueur des temps, & qu'ils aient quelques marques de leur régiment, auxquelles on puisse les reconnoître.

D L X I I.

LES Soldats, Cavaliers & Dragons, qui se prêteront leur habit uniforme d'un régiment à l'autre, seront punis suivant la rigueur des ordonnances.

D L X I I I.

Appels. LES Sergens & Maréchaux-des-logis feront tous les jours quatre appels des Soldats, Cavaliers & Dragons de leur compagnie; le premier à la pointe du jour, le second à l'heure du dîner, le troisième à celle du souper, & le quatrième une heure après la retraite.

D L X I V.

ILS auront de la lumière quand ils feront leur appel pendant la nuit.

D L X V.

CES appels se feront dans chaque chambrée des casernes & si les Soldats, Cavaliers ou Dragons sont logés chez les bourgeois, les Sergens & Maréchaux-des-logis iront chez leurs hôtes.

D L X V I.

LES Soldats, Cavaliers ou Dragons qui manqueront à l'appel, seront mis en prison pendant quinze jours.

D L X V I I.

LE Major de chaque régiment nommera tous les jours un Maréchal-des-logis ou Sergent, qui rassemblera les billets que chaque Sergent ou Maréchal-des-logis devra faire des Soldats, Cavaliers ou Dragons de sa compagnie, qui auront manqué à l'appel, dont il dressera un état pour le porter au Major du régiment.

D L X V I I I.

CES mêmes Maréchaux-des-logis & Sergens remettront le soir dans la boîte qui sera à la porte du Commandant, les billets de l'appel du soir; & le lendemain matin ils porteront au Major de la place, l'état de ceux qui auront manqué à l'appel de la pointe du jour, & ledit Major en rendra compte au Commandant.

D L X I X.

LORSQUE les rondes & patrouilles arrêteront quelques Soldats, Cavaliers ou Dragons, après la retraite sonnée, si lesdits Soldats, Cavaliers & Dragons ne se trouvent pas dénoncés dans lesdits billets d'appel, le Sergent ou le Maréchal-des-logis de la compagnie duquel ils seront, sera mis en prison pendant quinze jours.

D L X X.

LES Commandans des places & des régimens feront faire les appels par des Officiers, lorsqu'ils le jugeront à propos; & dans ce cas, l'Officier commandé pour faire l'appel, en signera l'état.

D L X X I.

LES Soldats, Cavaliers & Dragons qui s'enivreront le jour qu'ils seront de garde, seront mis sur le cheval de bois, chaque jour à la garde montante, pendant un mois.

Punition du Soldat ivre.

D L X X I I.

SUBIRONT la même peine, ceux qui tireront des armes à feu après que la garde de nuit aura été posée, ou qui feront du bruit, ou quelqu'autre chose capable de causer quelque alarme.

De celui qui causera une alarme.

D L X X I I I.

LES Soldats, Cavaliers & Dragons ne travailleront de

Travail des Soldats.

leurs métiers, que chez les maîtres-ouvriers des villes où ils seront en garnison, hors que ce ne soit pour le service & l'utilité de leur régiment ; auquel cas ils ne pourront travailler ailleurs que dans leurs quartiers ou casernes, mais sans pouvoir sous ce prétexte travailler pour les habitans ou étrangers.

D L X X I V.

Détention des Officiers.   LORSQUE quelque Officier d'une garnison aura commis une faute grave, le Commandant de la place le fera arrêter, & en informera dans les vingt-quatre heures, le Secrétaire d'Etat ayant le département de la guerre, & le Commandant de la province.

D L X X V.

A l'égard de ceux qui manqueront de conduite, Sa Majesté s'en remet aux Commandans des places, & à ceux des corps dont ils seront, de les tenir en prison tout le temps qu'ils jugeront nécessaire pour leur correction.

D L X X V I.

Emprisonnement des Soldats.   LES Commandans des places pourront faire arrêter & mettre en prison, tout Soldat, Cavalier ou Dragon qui sera prévenu de crime, ou qui aura manqué au service de la place, de quelque corps qu'il soit, en faisant avertir le Commandant de ce corps.

D L X X V I I.

Sortie de prison.   LES chefs & Officiers des troupes, pourront pareillement faire arrêter & mettre en prison les Soldats, Cavaliers ou Dragons de leurs corps, qui seront tombés en faute, en en rendant compte au Commandant de la place ; mais ne les feront point mettre en liberté, sans la permission dudit Commandant.

D L X X V I I I.

CHAQUE jour, lorsque la garde sera défilée, le Major de la place remettra au Commandant un état des prisonniers, sur lequel seront marqués la date & le sujet de leur détention.

D L X X I X.

LE Commandant donnera en conséquence ses ordres,

pour

pour faire élargir ceux qu'il jugera à propos, ou dont l'élargissement lui fera demandé par les Commandans des corps; le Major en fera un état, le fignera, & le remettra à un Sergent de la garde de la place, qui le portera à la prifon: le Geolier fera fortir ceux qui feront fur cet état.

D L X X X.

Le Geolier ne pourra demander pour la fortie de chaque prifonnier, qu'un demi-jour de leur folde.

D L X X X I.

On commandera tous les jours un Officier fubalterne par bataillon, pour vifiter les chambrées des Soldats, foit qu'ils foient logés dans les cafernes, ou chez les bourgeois.

Vifite des Chambrées.

D L X X X I I.

Ces Officiers examineront fi les Soldats font bien tenus; s'ils font régulièrement Ordinaire; s'ils n'ont point de querelle entr'eux; s'ils ne jouent point, ni ne fe débauchent point; & après leur vifite, ils rendront compte au Commandant du corps & à celui de la place.

D L X X X I I I.

On commandera auffi tous les jours un Capitaine & un Officier fubalterne de la garnifon, pour aller faire la vifite de l'hôpital.

Vifite de l'Hôpital.

D L X X X I V.

Ces Officiers vérifieront fi la viande eft de bonne qualité, & s'il y en aura la quantité ordonnée par rapport au nombre des malades: ils goûteront le bouillon, le vin, la tifanne & les autres alimens, & verront fi les malades font tenus proprement.

D L X X X V.

Le Capitaine affiftera à la diftribution du matin, & le Lieutenant à celle de l'après-midi, & ils en rendront compte au Commandant de la place.

DU SERVICE DES OFFICIERS
principaux des Troupes.

DLXXXVI.

LES Commandans des places y commanderont chaque jour, & moins souvent s'ils le jugent à propos, un ou plusieurs Colonels, Mestres-de-camp, Lieutenans-colonels ou Commandans de bataillon en pied de la garnison, pour faire la visite des postes, des casernes & de l'hôpital, aux heures qui leur seront indiquées : ces Officiers rouleront ensemble pour ce genre de service particulier.

DLXXXVII.

LES Colonels, Lieutenans-colonels d'Infanterie, & Commandans de bataillon, visiteront les postes de l'Infanterie; ceux de Cavalerie seront visités par les Mestres-de-camp & Lieutenans-colonels de Cavalerie.

DLXXXVIII.

LES Mestres-de-camp & Lieutenans-colonels de Dragons, visiteront les postes de Dragons; & ceux qui seront mêlés de Cavalerie & de Dragons à cheval, seront visités par les Officiers supérieurs de Cavalerie & de Dragons.

DLXXXIX.

LORSQUE ces Officiers se présenteront devant un corps-de-garde, celui qui commandera le poste en fera sortir les Soldats, Cavaliers ou Dragons, les fera mettre en haie, ou sur plusieurs rangs, reposés sur leurs armes; & se mettra à leur tête, ayant ses armes près de lui, sans que cette position puisse être réputée pour marque d'honneur.

DXC.

CES Officiers rendront compte au Commandant de la place, de ce qu'ils auront remarqué dans leur visite.

DXCI.

SI le Commandant de la place ordonne que cette visite soit faite pendant la nuit, en ce cas l'Officier principal qui la fera, sera reçû par les postes, comme le Major doit l'être lorsqu'il fait sa première ronde.

DXCII.

Gardes-françoises & Suisses.

Lorsque les Gardes-françoises & Suisses seront en garnison dans les places, un Capitaine de chacun de ces régimens se trouvera tous les jours à la parade, pour voir si les escouades desdits régimens sont complètes d'Officiers, Sergens & Caporaux; & il visitera plusieurs fois, tant de jour que de nuit, les corps-de-garde où lesdites escouades seront distribuées, pour reconnoître si les soldats y sont assidus, & font le service avec l'exactitude qu'ils doivent.

DE LA POLICE DES PLACES.

DXCIII.

Vivandiers.

Aucune troupe ne pourra avoir de Vivandiers à sa suite dans les garnisons, à l'exception du régiment des Gardes-françoises & des régimens Suisses; ces derniers devant jouir de ce privilége, en vertu de leur capitulation, & conformément aux réglemens qui ont été faits en conséquence.

DXCIV.

Défenses d'aller au devant des vivres.

Qui que ce soit n'ira, ni enverra au devant des paysans & autres personnes qui apporteront des vivres dans la place, soit pour les prendre en les taxant arbitrairement, ou pour les choisir; ne pouvant les acheter qu'ils ne soient arrivés sur le marché.

DXCV.

Seront passés par les verges, les Soldats, Cavaliers & Dragons qui iront au devant des personnes qui apportent des vivres dans les places, pour les acheter, quand même ce seroit de gré à gré & sans aucune violence.

DXCVI.

Punition des vols.

Ceux qui voleront ou prendront de force aucune denrée ou marchandise, dans les marchés ou les boutiques, seront punis suivant la rigueur des ordonnances.

DXCVII.

Crédit au Soldat.

Tout bourgeois ou autre habitant, qui fera crédit à

un Soldat, Cavalier ou Dragon, perdra son dû s'il ne lui
en a été répondu par son Sergent ou Maréchal-des-logis.

D X C V I I I.

LES Commandans des places auront attention à empêcher les Officiers & Soldats de leur garnison, de jouer
à aucuns jeux de hasard.

D X C I X.

LES Soldats, Cavaliers ou Dragons qui tiendront table
de jeu, seront condamnés aux peines portées par les ordonnances.

D C.

CEUX qui auront joué, seront mis en prison pour
quinze jours.

D C I.

LES Commandans des places s'informeront des bourgeois & autres habitans qui pourroient donner à jouer
dans leur maison à des jeux défendus; ils les feront
arrêter & remettre aux juges des lieux, pour les punir
en conformité des déclarations de Sa Majesté.

D C I I.

LORSQU'UNE femme ou fille débauchée sera surprise
avec des Soldats, Cavaliers ou Dragons, dans les corps-
de-garde, les casernes ou ailleurs en flagrant délit, le
premier Officier qui en sera instruit, la fera arrêter, & en
informera aussi-tôt le Commandant de la place.

D C I I I.

SI ces femmes ou filles étoient domiciliées dans la
place, le Commandant les fera remettre au Juge Royal
du lieu, sans leur infliger aucune peine.

D C I V.

SI elles sont étrangères & sans aveu, le Commandant
de la place les fera passer par les verges, après avoir été
exposées sur le cheval de bois; & elles seront ensuite
chassées de la ville, avec défenses d'y rentrer, sous peine
de prison.

D C V.

IL ne pourra être établi aucun spectacle dans les places

sans

sans que le Commandant en soit averti, afin qu'il puisse prendre les précautions nécessaires pour prévenir le desordre qui en pourroit arriver.

DCVI.

Il en sera de même de toutes assemblées & publications au son de la cloche, du tambour, ou de la trompette, qui ne se feront jamais sans la participation du Commandant de la place; lequel cependant n'y pourra former aucun obstacle, à moins que le service du Roi n'y fût intéressé, auquel cas il en rendra compte sur le champ au Secrétaire d'Etat ayant le département de la guerre.

Assemblées & publications.

DCVII.

Les Commandans des places seront tenus de prêter main-forte pour l'exécution des decrets de justice, toutes les fois qu'ils en seront requis.

Main-forte à justice.

DCVIII.

Ils seront pareillement obligés de soûtenir les Employés des Fermes dans leurs fonctions, & de leur donner un Officier-major pour les accompagner, lorsqu'ils voudront faire leurs visites dans les casernes ou autres logemens des Soldats.

Aux Employés des fermes.

DES CONSEILS DE GUERRE,
& Exécutions.

DCIX.

Les Conseils de guerre qui seront assemblés dans les places, se tiendront chez les Gouverneurs ou Commandans en icelles, & lesdits Gouverneurs ou Commandans y présideront.

Se tiendront chez le Commandant.

DCX.

Les Majors des places instruiront les procès qui devront être jugés par le Conseil de guerre, & donneront leurs conclusions, sans avoir voix délibérative.

Le Major instruira le procès.

DCXI.

Si le Major d'une place se trouve Commandant, ou s'il

L'Aide-major au défaut du Major.

en est absent, le premier Aide-major remplira ses fonctions.

D C X I I.

AUCUN Officier ne sera mis au Conseil de guerre, sans un ordre de Sa Majesté : Pourra cependant le Commandant de la place, dans les cas qui requerront célérité, faire entendre des témoins pour constater la vérité des faits, dont il rendra compte au Secrétaire d'Etat ayant le département de la guerre, qui lui fera savoir les intentions de Sa Majesté.

D C X I I I.

LORSQU'UN Soldat, Cavalier ou Dragon d'une garnison où il y aura Etat-major, y commettra un crime ou délit pour lequel il devra être jugé par un Conseil de guerre, l'Officier commandant la compagnie dont sera l'accusé, & à son défaut ou refus le Major de la place, rendra sa plainte à celui qui y commandera, pour obtenir qu'il en soit informé.

D C X I V.

LE Commandant de la place ne pourra refuser de recevoir ladite requête, sans des raisons très-graves, dont en ce cas il informera sur le champ le Secrétaire d'Etat ayant le département de la guerre, pour en rendre compte à Sa Majesté.

D C X V.

LA requête ayant été répondue d'un *(Soit fait ainsi qu'il est requis)* signé dudit Commandant, sera remise au Major de la place, lequel procédera à l'information, l'interrogatoire de l'accusé, le récolement des témoins, & leur confrontation audit accusé : le tout en suivant les formalités prescrites par l'Ordonnance criminelle du mois d'août 1670 ; & de manière que la procédure soit parfaite en deux fois vingt-quatre heures au plus, à moins qu'il n'y ait des raisons considérables qui exigent d'y employer un plus long temps.

D C X V I.

LORSQUE pour l'instruction du procès, le Major de la place aura besoin de la déposition de quelque témoin

ui ne fera pas fujet à la Juſtice militaire, il s'adreſſera aux
Magiſtrats du lieu, pour ordonner auxdits témoins de ſe
rendre à cet effet devant ledit Major à une heure marquée,
& leſdits Magiſtrats ne pourront refuſer ledit ordre.

D C X V I I.

LE procés étant en état, le Major de la place en rendra compte au Commandant, qui ordonnera ſans délai la
tenue du Conſeil de guerre, & nommera les Officiers
qui devront le compoſer.

D C X V I I I.

LE Conſeil de guerre ne ſe tiendra que les jours
ouvrables, hors les cas extraordinaires qui ne permettront
pas de le différer.

D C X I X.

LES Officiers qui devront compoſer le Conſeil de
guerre, ſeront commandés à l'Ordre par le Major, la veille
du jour qu'il devra ſe tenir; & aucun d'eux ne pourra ſe
diſpenſer de s'y trouver, & d'y opiner.

D C X X.

ILS ſeront au moins au nombre de ſept, compris le
Préſident.

D C X X I.

QUAND il n'y aura point aſſez d'Officiers d'Infanterie,
ſoit en pied ou réformés, dans une garniſon, pour juger
un Soldat, on aura recours aux Officiers de Cavalerie &
de Dragons de la même garniſon : & réciproquement,
lorſqu'il s'agira du jugement d'un Cavalier ou Dragon,
s'il n'y a pas dans la garniſon ſuffiſamment d'Officiers,
ſoit en pied ou réformés, de ces deux corps, on y appellera
les Officiers d'Infanterie de la garniſon.

D C X X I I.

SI en raſſemblant tous les Officiers de la garniſon de
ces différens corps, il ne s'en trouvoit pas le nombre requis
pour tenir le Conſeil de guerre, le Commandant de la
place y ſuppléera, en appelant les Officiers, ſoit d'Infanterie, ſoit de Cavalerie ou de Dragons, des garniſons

voisines; lesquels, sous aucun prétexte, ne pourront se dispenser de s'y rendre.

DCXXIII.

Les Officiers de la garnison où le Conseil de guerre se tiendra, ne pourront faire difficulté d'admettre les Officiers des places voisines qui y auront été ainsi appelés, ni prétendre avec eux d'autre rang que celui de l'ancienneté de leurs corps.

DCXXIV.

Lorsqu'un Capitaine de la garnison où se tiendra le Conseil de guerre, commandera dans la place, il aura la préséance sur ceux qui se rendront dans ladite place, quoique d'un corps plus ancien.

DCXXV.

Sergens & Maréchaux-des-logis, faute d'Officiers.

Au défaut d'Officiers dans la place & les garnisons voisines, pour juger les Soldats, Cavaliers & Dragons, on admettra au Conseil de guerre, des Sergens & Maréchaux-des-logis de la garnison, jusqu'au nombre nécessaire.

DCXXVI.

Assemblée des Juges.

Tous ceux qui devront composer le Conseil de guerre, se rendront chez le Commandant de la place, à l'heure de la matinée qui leur aura été prescrite; & ils iront avec lui entendre la messe, qui sera dite avant qu'ils se mettent en place.

DCXXVII.

Lesdits Officiers seront à jeun; ceux d'Infanterie auront des guêtres, & porteront leur hausse-col; ceux de Cavalerie auront leurs bottes, & ceux de Dragons leurs bottines.

DCXXVIII.

Ordre dans lequel ils siégeront.

Au retour de la messe, le Commandant de la place s'étant assis, les autres juges prendront leur place alternativement à sa droite & à sa gauche; ceux d'Infanterie se placeront suivant leur grade & l'ancienneté des régimens dont ils seront, de manière que les Capitaines du second régiment ne prennent rang qu'après que ceux du premier seront placés, & ainsi des Lieutenans.

DCXXIX

DCXXIX.

A l'égard des Officiers de Cavalerie & de Dragons, ils se placeront de même alternativement à droite & à gauche du Président, suivant leur grade; & prendront séance entr'eux, suivant l'ancienneté de leurs commissions ou brevets.

DCXXX.

Les Officiers réformés d'Infanterie prendront séance après tous les Officiers en pied d'Infanterie de même grade; & entr'eux, suivant l'ancienneté de leurs commissions ou lettres.

DCXXXI.

Ceux de Cavalerie & de Dragons prendront séance avec les Officiers de Cavalerie & de Dragons en pied, suivant l'ancienneté de leurs commissions ou brevets.

DCXXXII.

Les Officiers de Cavalerie appelés à un Conseil de guerre d'Infanterie, & ceux d'Infanterie appelés à un Conseil de guerre de Cavalerie, prendront séance à main gauche du Président; & en ce cas les Officiers du corps dont sera l'accusé, se rangeront successivement à la droite du Président.

DCXXXIII.

Le Commissaire des guerres ayant la police de la troupe dont sera l'accusé, pourra assister au Conseil de guerre; en ce cas, il se mettra à la gauche du Président, & pourra représenter aux Juges les ordonnances relatives au délit dont il sera question; mais il n'y aura point voix délibérative.

Commissaire des guerres.

DCXXXIV.

Le Major s'asseoira près de la table vis-à-vis le Président, & apportera les ordonnances militaires & les Informations.

Place du Major.

DCXXXV.

Tous les Officiers de la garnison, de quelque corps qu'ils soient, pourront être présens au Conseil de guerre, & ils s'y tiendront debout, chapeau bas, & en silence.

Présence des Officiers de la garnison.

D d

DCXXXVI.

LES Juges étant assis & couverts, après que le Président aura dit le sujet pour lequel le Conseil de guerre sera assemblé, le Major de la place fera la lecture de la requête contenant plainte, des informations, du récolement & de la confrontation des témoins, & de ses conclusions qu'il sera tenu de signer.

DCXXXVII.

APRÈS la visite & la lecture entière du procès le Président ordonnera que l'accusé soit amené devant l'assemblée, où il le fera asseoir sur une sellète, si les conclusions sont à peines afflictives, sinon l'accusé comparoîtra debout.

DCXXXVIII.

LE Président, après lui avoir fait prêter serment de dire vérité, procédera à son dernier interrogatoire : chaque Juge pourra l'interroger à son tour ; & il sera reconduit en prison quand les interrogatoires seront finis.

CCXXXIX.

L'ACCUSÉ étant sorti, le Président prendra les voix pour le jugement de l'accusé.

DCXL.

LE dernier Juge opinera le premier, & ainsi de suite en remontant jusqu'au Président, qui opinera le dernier.

DCXLI.

DANS les Conseils de guerre, mêlés d'Officiers d'Infanterie & de Cavalerie, les Officiers de Cavalerie opineront les premiers, s'il s'agit de juger un Fantassin; & ce seront les Officiers d'Infanterie, s'il s'agit de juger un Cavalier.

DCXLII.

CELUI qui opinera, ôtera son chapeau, & dira à voix haute, que trouvant l'accusé convaincu, il le condamne à telle peine ordonnée pour tel crime; ou que le jugeant innocent, il le renvoie absous; ou si l'affaire lui paroît douteuse faute de preuves, qu'il conclut à un plus amplement informé, l'accusé restant en prison.

D C X L I I I.

A mesure que chaque Juge donnera son avis, il l'écrira au bas des conclusions du Major, & le signera.

D C X L I V.

L'AVIS le plus doux prévaudra dans les jugemens, si le plus sévère ne l'emporte de deux voix ; & l'avis du Président ne sera compté que pour une voix, de même que celui des autres juges.

D C X L V.

L'ACCUSÉ étant jugé, le Major fera dresser la sentence *Sentence.* suivant les modèles imprimés qui lui seront envoyés : Tous les juges signeront au bas, quand bien même ils auroient été d'avis différent de celui qui aura prévalu ; & il en sera envoyé une expédition au Secrétaire d'Etat ayant le département de la guerre.

D C X L V I.

LE Major ira ensuite à la prison, avec celui qui lui servira de Greffier ; & si l'accusé est renvoyé absous, il le fera mettre en liberté aussi-tôt après que sa sentence lui aura été lûe.

D C X L V I I.

SI l'accusé est condamné à mort ou à une peine corporelle, le Major le fera mettre à genoux, pendant que le Greffier lui lira sa sentence : dans le premier cas on lui donnera aussi-tôt un Confesseur, & il sera exécuté dans la journée : dans le second, il restera en prison jusqu'au moment de l'exécution.

D C X L V I I I.

DÉFEND Sa Majesté aux Commandans des places, d'ordonner, ni souffrir, sous tel prétexte que ce puisse être, qu'il soit sursis à l'exécution d'un jugement du Conseil de guerre, sans un ordre exprès de Sa Majesté.

D C X L I X.

DANS les cas néanmoins où des Soldats Invalides *Invalides.* seront prévenus de quelque crime ou délit militaire, toute la procédure sera instruite sous l'autorité du Conseil de guerre, & conduite jusqu'à jugement définitif exclusivement ; l'intention de Sa Majesté étant qu'il soit sursis

audit jugement, en attendant que sur le compte qui lui
en sera rendu, il en soit par Elle ordonné.

D C L.

Exécutions. LE Commandant de la place pourra, s'il le juge à propos, faire prendre les armes à toute la garnison, pour
assister aux Exécutions, ou seulement au régiment dont
sera le coupable, & à des piquets des autres corps.

D C L I.

LORSQUE l'on amènera le criminel sur le lieu de
l'exécution, les troupes seront sous les armes, les Officiers
à leurs postes, les Tambours battront aux champs; & il
sera publié un ban à la tête de chaque troupe, portant
défense de crier *(Grace)* sous peine de la vie.

D C L I I.

LE criminel étant arrivé au centre des troupes, on le
fera mettre à genoux, & on lui lira sa sentence à haute
voix, après quoi on le conduira au lieu du supplice.

D C L I I I.

CELUI qui aura été condamné à être pendu, sera passé
par les armes, au défaut d'exécuteur; & en ce cas, il en
sera fait mention au bas de la sentence.

D C L I V.

L'EXÉCUTION étant faite, les troupes défileront devant
le mort; le régiment dont sera l'exécuté, marchant avant
les piquets.

D C L V.

Régimens LES régimens étrangers ayant leur justice particulière,
étrangers. pourront tenir leurs Conseils de guerre dans les places,
chez leur Commandant, à la prison ou en tel autre endroit
qu'ils jugeront convenable; & les Majors de ces régimens,
instruiront les procès des Soldats de leurs corps, selon les
formes usitées dans leur nation, à l'exclusion de ceux
des places.

D C L V I.

LES Commandans de ces régimens, ne pourront cependant assembler le Conseil de guerre, qu'après en avoir
demandé la permission au Commandant de la place; &
ils

roient tenus d'envoyer un Officier s'informer du juge-
ent, & lui demander la permission de le faire exécuter
ivant leur usage.

DCLVII.

LA Gendarmerie & le régiment des Gardes-françoises *Gendarmerie*
xerceront leur justice dans les places, ainsi qu'elle est *& Gardes-*
ablie dans leurs corps. *françoises.*

DE LA CONSERVATION DES FORTIFICATIONS
& bâtimens civils à l'usage des Troupes dans les places.

DCLVIII.

LES Officiers des Etat-majors des places, veilleront à *L'E'tat-major*
exécution des ordonnances concernant la conservation *y veillera.*
es fortifications, & à ce qu'il ne soit bâti aucune maison
n dedans & aux environs desdites places, qu'aux endroits
ermis.

DCLIX.

ILS feront une fois le mois, conjointement avec *Visite avec*
Ingénieur en chef, la visite des bâtimens à l'usage des *les Ingénieurs.*
roupes, corps-de-garde, guérites & palissades.

DCLX.

A l'arrivée d'une troupe qui devra être logée dans les *Visite des Caser-*
casernes, un Officier-major de ladite troupe, avec un de *nes à l'arrivée*
ceux de la place & un Ingénieur, feront la visite desdites *des Troupes.*
casernes & des ustensiles appartenant au Roi qui devront
être remis à la troupe; & ils en dresseront un inventaire, dont chacun d'eux gardera une expédition signée
de ces trois Officiers : & la même visite sera faite au départ
de la troupe, afin que s'il manque quelque chose, ou qu'il
ait été fait quelque dégradation, la retenue nécessaire pour
le remplacement des effets perdus, ou pour la réparation
du dommage, soit ordonnée.

DCLXI.

IL sera posé trois serrures à chaque porte des magasins *Clefs des maga-*
sins d'artillerie.

de munitions de guerre & d'artillerie, avec différente
clefs; dont l'une sera gardée par le Gouverneur ou Com
mandant de la place, une autre par le Commissair
d'artillerie, & la troisième par le Garde-magasin; en sort
qu'aucun d'eux ne puisse y entrer sans la participation de
deux autres; & dans les places où il n'y aura point d
Commissaire d'artillerie, il n'y aura audit magasin qu
deux serrures.

DCLXII.

Jardins. LES jardins & arbres fruitiers qui se trouveront dan
l'enceinte des magasins à poudre, seront totalemen
détruits; & l'on ne souffrira point qu'il y soit planté n
arbres, ni légumes, ni qu'il y entre aucunes personnes que
celles qui sont nécessaires pour le service des magasins.

DCLXIII.

Bestiaux pâturant sur les ouvrages. ON empêchera également qu'aucuns bestiaux ne
pâturent sur les remparts, dans les fossés, demi-lunes &
autres ouvrages, ni sur les glacis; voulant Sa Majesté
que ceux qui y seront saisis par les Soldats de garde,
soient confisqués à leur profit, & que qui que ce soit ne
puisse les obliger à restituer lesdits bestiaux, ni leur valeur,
Sa Majesté leur en faisant don.

DCLXIV.

On ne pourra y labourer ni semer. DÉFEND Sa Majesté aux Officiers-majors des places,
de faire labourer ni semer sur les remparts, bastions &
autres ouvrages, fossés & glacis desdites places; leur per-
mettant seulement d'en faire couper l'herbe deux fois
l'an, en prenant les précautions nécessaires pour ne causer
aucun dommage.

DES EMOLUMENS DES ETAT-MAJORS
des places.

DCLXV.

Herbes. SA MAJESTÉ ayant bien voulu accorder aux Officiers

es Etat-majors de ses places, la jouissance des herbes
ui y croissent dans les ouvrages, son intention est que
e partage en soit réglé entr'eux, comme il suit, à moins
u'il n'ait été établi autrement par des décisions particu-
ères, en considération des singularités qui se trouvent
ans la construction de certaines places.

D C L X V I.

LE Gouverneur aura les herbes des remparts du corps
e la place, des bastions & autres ouvrages qui y sont
ttachés, ainsi que des fossés qui les environnent.

D C L X V I I.

LES herbes des demi-lunes, ravelins, contre-gardes,
& tous autres ouvrages détachés du corps de la place, de
eurs fossés, & des chemin-couverts, appartiendront au
Lieutenant de Roi.

D C L X V I I I.

LES Majors & Aide-majors jouiront de celles des
glacis, & des avant-fossés, lorsqu'il y aura des doubles
glacis.

D C L X I X.

LE Major aura les deux tiers, & l'Aide-major l'autre
tiers; & lorsqu'il y aura plusieurs Aide-majors, la même
proportion sera observée, de manière que le Major ait
toûjours le double d'un Aide-major.

D C L X X.

LA pêche dans les fossés remplis d'eau, appartiendra aux *Pêche*
mêmes Officiers qui y jouiroient du produit des herbes,
s'ils étoient à sec.

D C L X X I.

LE produit des Cantines sera partagé, moitié au Gou- *Cantines.*
verneur, un quart au Lieutenant de Roi, & l'autre quart
aux Majors & Aide-majors, dans la proportion ci-devant
expliquée pour le partage des herbes.

E e ij

DCLXXII.

LES fumiers des chevaux des Cavaliers & Dragons étant établis dans les casernes, appartiendront aux Majors des places, ainsi que le produit des latrines, à moins qu'il n'ait été rendu des décisions contraires ; à condition que lesdits Majors se chargeront de faire enlever lesdits fumiers & autres immondices, de façon qu'ils ne nuisent pas aux bâtimens, & de fournir aux Cavaliers & Dragons les fourches & pelles nécessaires pour nettoyer les écuries.

DCLXXIII.

LES Gendarmes & Hussards auront la disposition des fumiers de leurs chevaux, aux mêmes conditions de les faire enlever, & de se fournir des ustensiles nécessaires pour les manœuvres.

DCLXXIV.

Emplois vacans.

LES émolumens des emplois vacans dans les Etats-majors des places, appartiendront, savoir ceux des Gouverneurs, aux autres Officiers dudit Etat-major, entre lesquels ils seront répartis comme il est dit ci-dessus.

Ceux de la Lieutenance de Roi, à l'Officier qui sera chargé du commandement pendant la vacance, à moins que le Gouverneur ne fût présent ; auquel cas ils seront partagés entre le Major & les Aide-majors.

Et ceux de la Majorité, ainsi que des autres emplois inférieurs, à ceux qui en feront les fonctions jusqu'à ce qu'ils soient remplis.

DCLXXV.

LE logement & les autres émolumens qui sont personnels aux Officiers employés, ne pourront être prétendus pendant la vacance des emplois ; & demeureront éteints & supprimés au profit de ceux qui en seront chargés, tant que Sa Majesté n'aura pas nommé auxdits emplois.

DCLXXVI.

Rétribution des troupes.

LES Officiers des Etat-majors des places ne pourront recevoir

ecevoir aucune rétribution des troupes de la garnison, ous prétexte des fauteuils, chevaux de ronde, écrivains, roits de sortie de prisons, abonnemens de café, & sous el autre titre que ce puisse être.

D C L X X V I I.

NE pourront lever ni exiger aucune chose quelconque, oit en nature ou argent, sur les bois, vin, bière, & utres denrées qui se consomment dans les villes & places, & qui entrent ou en sortent; ni obliger les bouchers à eur donner les langues des bœufs, moutons, porcs & utres bestiaux qu'ils tuent, s'ils ne sont autorisés à percevoir es droits par des arrêts du Conseil, ou autres décisions particulières de Sa Majesté.

D C L X X V I I I.

NE pourront s'approprier les armes & chevaux des déserteurs de troupes étrangères; lesquels, lorsqu'il n'y aura point de cartel, seront vendus au plus offrant, au profit desdits déserteurs; si ce n'est à l'égard des chevaux des Hussards, que les régimens de cette nation pourront réclamer, en les payant sur le pied qui sera réglé.

D C L X X I X.

NE pourront pareillement faire conserver la chasse aux environs des villes, ni y chasser eux-mêmes, ou permettre aux Officiers de leur garnison, d'y chasser, s'il n'a été rendu une ordonnance pour fixer l'étendue & les bornes de la réserve qui leur auroit été accordée.

DES SCELLÉS ET INVENTAIRES
des Officiers des État-majors, & autres.

D C L X X X.

LES Majors des places, & les Aide-majors en leur absence, pourront apposer le scellé sur les effets des Officiers d'Infanterie, de Cavalerie & de Dragons, qui mourront dans leur Place, & en faire l'inventaire, si ces Officiers y sont tombés malades, leur troupe y passant, ou y étant en garnison.

DCLXXXI.

ILS en seront de même sur les effets des Officiers d'Artillerie qui décéderont dans les places y étant employés par semestre, ou des Ingénieurs qui y serviront par extraordinaire; mais à l'égard de tous les autres Officiers militaires qui seront employés en résidence fixe dans les places, ou qui s'y trouveront sans leur troupe, ou sans emploi, le droit en appartiendra aux Juges des lieux qui ont la connoissance des causes des Nobles.

DCLXXXII.

Vente des effets.

L'OFFICIER-major de la place ne pourra faire vendre les effets des successions qu'il aura inventoriés, si cette vente n'est nécessaire pour l'acquit des dettes que le défunt auroit faites dans la garnison, & pour le payement des frais funéraires, ou s'il n'en est requis par les héritiers; en ce cas il pourra retenir le sol pour livre sur le produit de la vente.

DCLXXXIII.

Remise du produit.

IL remettra lesdits effets, ou ce qui restera du produit de la vente, lesdites dettes acquittées, à celui ou ceux qui justifieront être les héritiers du défunt, en retirant d'eux une décharge valable; & en cas de contestation, il déposera lesdits effets ou argent, au Greffe de la Justice des lieux, pour les délivrer à qui il appartiendra.

DCLXXXIV.

Retirer les papiers du Roi, à la levée des scellés.

LORS de la levée des scellés qui auront été mis par les Juges des lieux sur les effets de la succession des Officiers militaires en résidence, ils seront tenus d'y appeler le Major de la place, ou un Aide-major en son absence, pour en retirer les papiers qui concerneront le service du Roi, & les remettre au successeur du défunt

dans son emploi; ou les envoyer au Secrétaire d'Etat ayant
le département de la guerre, si le défunt n'étoit pas dans
le cas d'être remplacé.

DCLXXXV.

L'ÉPÉE que portoit ordinairement l'Officier défunt, *Droit d'épée.*
sera mise sur son cercueil lors de son enterrement; & le
Major de la place, ou l'Aide-major en son absence, pourra
la retenir comme un honoraire, en considération du soin
qu'il aura pris de faire rendre les honneurs militaires au
convoi.

DCLXXXVI.

Si le prix de cette épée étoit nécessaire pour l'acquit-
tement des dettes du défunt, elle y seroit employée par
préférence.

Si le défunt en avoit disposé authentiquement avant sa
mort, il en seroit mis une autre à la place.

DCLXXXVII.

LES Majors des régimens étrangers, mettront le scellé *Régimens*
sur les effets de la succession des Officiers de ces régimens, *étrangers.*
& en feront l'inventaire & la vente, par préférence à ceux
des places: mais à l'égard de l'épée desdits Officiers, elle
appartiendra au Major de la place, à l'exclusion du Major
du régiment étranger, lorsque le convoi desdits Officiers
étrangers aura reçû les honneurs militaires, par les soins
du Major de ladite place.

DCLXXXVIII.

LES Majors des places ne pourront exiger les sabres *Cavalerie.*
des Officiers de Hussards qui décéderont dans les places,
ni les pistolets des Officiers de Cavalerie.

DU PARTAGE DU SERVICE
entre les Officiers-majors des Places.

DCLXXXIX.

L'INTENTION de Sa Majesté étant, que les Officiers- *Ne se dispenseront*
chacun de leur
service.

majors des places tiennent la main à l'exécution de la préfente ordonnance, avec la plus grande exactitude, Elle entend qu'ils ne faffent aucun arrangement entr'eux, qui ne doive tendre à apporter plus de célérité & de précifion dans le fervice; & pour cet effet, Elle veut que dans les places où il n'y aura qu'un Officier de chaque grade, un d'eux ne puiffe jamais être chargé par mois ni par femaine, des fonctions auxquelles ils doivent tous également contribuer, chacun pour ce qui les concerne.

D C X C.

Arrangemens pour les grandes places.

A l'égard des places plus confidérables, où il y aura plufieurs Aide-majors & Capitaines des portes, le Commandant leur partagera le foin de l'ouverture & de la fermeture des portes, le plus également qu'il fera poffible.

D C X C I.

IL pourra partager pareillement entre les Aide-majors, & les Capitaines des portes ayant brevet d'Aide-major, les différens quartiers de la ville, à la tranquillité & le bon ordre defquels chacun d'eux devra veiller, de même qu'à la régularité des gardes qui s'y trouveront.

D C X C I I.

UN des Aide-majors fera alternativement de femaine, pour remplacer le Major dans toutes les fonctions auxquelles celui-ci ne pourra vaquer, ce qui ne difpenfera pas cet Aide-major, du foin de la police du quartier qui lui fera affecté.

D C X C I I I.

Se trouveront le matin chez le Commandant.

LESDITS Officiers-majors fe trouveront tous les matins à huit heures chez le Commandant de la place, pour l'informer de ce qui fe fera paffé pendant la nuit, ainfi que le matin à l'ouverture des portes, & pour recevoir fes ordres fur ce qu'ils auront à faire.

D C X C I V.

LE Major ou l'Aide-major de femaine, lorfque le Major

ne

ne fera pas préfent, lui rendra compte des rondes & des patrouilles qui auront été faites pendant la nuit.

DCXCV.

ENJOINT Sa Majefté aux Gouverneurs & Comman-dans des places, d'apporter la plus grande attention à ce que tous les articles de la préfente ordonnance foient exé-cutés à la lettre fans aucune omiffion ni variation, telle quelle puiffe être; voulant que dans les cas qui leur pa-roîtroient devoir exiger quelque exception, ils en écrivent au Secrétaire d'Etat ayant le département de la guerre, & que cependant ils ne puiffent fe difpenfer fous aucun prétexte, de fe conformer à ce qui y eft prefcrit, jufqu'à ce que Sa Majefté leur ait fait favoir ce qu'Elle aura décidé.

Les Commandans fe conformeront à l'ordonnance, en attendant des or-dres fur les cas particuliers.

DCXCVI.

VEUT pareillement Sa Majefté, que les Majors des places veillent de leur côté, à ce que la préfente ordonnance foit fuivie en tout point; & qu'en cas de contravention, après avoir fait au Commandant les repréfentations conve-nables, ils en rendent compte au Secrétaire d'Etat ayant le département de la guerre, & au Commandant de la province; au défaut de quoi ils demeureront refponfables defdites contraventions, de même que s'ils en étoient les auteurs, & qu'ils les euffent ordonnées eux-mêmes.

Les Majors informeront des contraventions.

MANDE & ordonne Sa Majefté aux Gouverneurs & Lieutenans généraux commandant en fes provinces, Gou-verneurs particuliers, Commandans & autres Officiers de l'Etat-major de fes places, Officiers généraux de fes armées, Directeurs & Infpecteurs généraux de fes troupes, Colonels, Meftres-de-camp, Lieutenant-colonels, Commandans de bataillons, Capitaines, Lieutenans & autres Officiers de fes troupes de Gendarmerie, Cavalerie, Dragons & Infan-terie, tant françoifes qu'étrangères; Commiffaires des guerres, Ingénieurs, Officiers d'Artillerie, & tous autres qu'il appartiendra, de se conformer, chacun à son égard, au présent règlement, sans permettre qu'aucun de ceux qui sont sous leur charge, y contrevienne, en quelque manière & sous tel prétexte que ce soit: dérogeant Sa Majesté à toutes ordonnances à ce contraires.

FAIT à Compiegne, le vingt-cinq juin mil sept cent cinquante. *Signé* LOUIS. *Et plus bas,* M. P. DE VOYER D'ARGENSON.